메시지 | 열왕기상·하

KB214768

THE MESSAGE: 1·2 Kings

Eugene H. Peterson

The MESSAGE

열왕기상·하

유진 피터슨

복 있는 사람

메시지 | 열왕기상·하

2020년 8월 14일 초판 1쇄 인쇄
2020년 8월 21일 초판 1쇄 발행

지은이 유진 피터슨
옮긴이 김순현 윤종석 이종태
감수자 김회권
펴낸이 박종현

도서출판 복 있는 사람
주소 서울특별시 마포구 연남동 246-21(성미산로23길 26-6)
전화 02-723-7183(편집), 7734(영업·마케팅) 팩스 02-723-7184
이메일 hismessage@naver.com
등록 1998년 1월 19일 제1-2280호

ISBN 978-89-6360-368-1 00230

이 도서의 국립중앙도서관 출판예정도서목록(CIP)은 서지정보유통지원시스템 홈페이지
(http://seoji.nl.go.kr)와 국가자료공동목록시스템(http://www.nl.go.kr/kolisnet)에서
이용하실 수 있습니다. (CIP 제어번호: 2020032381)

THE MESSAGE: 1·2 Kings
by Eugene H. Peterson

『메시지』는 유진 피터슨의 *The* MESSAGE 공식 한국어판입니다.
『메시지』 한국어판은 서평이나 비상업적인 목적인 경우 50절까지 인용할 수 있으나, 그 이상 인용하
거나 상업적인 목적인 경우 반드시 저작권자인 복 있는 사람 출판사의 서면 허가를 받아야 합니다.

차례

007 『메시지』를 읽는 독자에게

011 열왕기상·하 머리말

017 **열왕기상**

115 **열왕기하**

일러두기

- 유진 피터슨의 『메시지』 영어 원문을 번역하면서, 한국 교회의 실정과 환경을 고려하여 『메시지』 한글 번역본의 극히 일부분을 의역하거나 문장과 용어를 바꾸었다.

- 유진 피터슨은 『메시지』 영어 원문에서, 유일무이한 하나님의 인격적 이름을 주(LORD) 대신에 대문자 GOD로 번역했다. 따라서 『메시지』 한국어판은 많은 논의와 신학 감수를 거쳐, 원저자의 의도를 반영해 '주'(LORD) 대신에 강조체 '**하나님**'(GOD)으로 표기했다.

- 『메시지』 한국어판의 도량형(길이, 무게, 부피)은 『메시지』 영어 원문을 기초로 하여, 오늘날 우리나라에서 일반적으로 통용되는 단위로 환산해 표기했다.

- 지명, 인명은 대한성서공회에서 발행한 『개역개정』 『새번역』 성경의 원칙을 따랐다.

『메시지』를 읽는 독자에게

『메시지』에 독특한 점이 있다면, 현직 목사가 그 본문을 다듬었기 때문일 것이다. 나는 성경의 메시지를 내가 섬기는 사람들의 삶 속에 들여놓는 것을 내게 주어진 일차적 책임으로 받아들이고 성인 인생의 대부분을 살아왔다. 강단과 교단, 가정 성경공부와 산상수련회에서 그 일을 했고, 병원과 양로원에서 대화하면서, 주방에서 커피를 마시고 바닷가를 거닐면서 그 일을 했다. 『메시지』는 40년간의 목회 사역이라는 토양에서 자라난 열매다.

인간의 삶을 만들고 변화시키는 하나님의 말씀은, 내가 『메시지』 작업을 하는 동안 정말로 사람들의 삶을 만들고 변화시켰다. 우리 교회와 공동체라는 토양에 심겨진 말씀의 씨앗은, 싹을 틔우고 자라서 열매를 맺었다. 현재의 『메시지』를 작업할 무렵에는, 내가 수확기의 과수원을 누비며 무성한 가지에서 잘 영근 사과며 복숭아며 자두를 따고 있다는 기분이 들곤 했다. 놀랍게도 성경에는, 내가 목회하는 성도며 죄인인 사람들이 살아 낼 수 없는 말씀, 이 나라와 문화 속에서 진리로 확증되지 않는 말씀이 단 한 페이지도 없었다.

　내가 처음부터 목사였던 것은 아니다. 원래 나는 교사의 길에 들어서서, 몇 년간 신학교에서 성경 원어인 히브리어와 그리스어를 가르쳤다. 남은 평생을 교수와 학자로 가르치고 집필하고 연구하며 살겠거니 생각했었다. 그러다 갑자기 직업을 바꾸어 교회 목회를 맡게 되었다.

　뛰어들고 보니, 교회는 전혀 다른 세계였다. 제일 먼저 눈에 띈 차이는, 아무도 성경에 별로 관심이 없어 보인다는 점이었다. 얼마 전까지만 해도, 사람들은 내게 돈을 내면서까지 성경을 가르쳐 달라고 했는데 말이다. 내가 새로 섬기게 된 사람들 중 다수는, 사실 성경에 대해 아무것도 몰랐다. 성경을 읽은 적도 없었고, 배우려는 마음조차 없었다. 성경을 몇 년씩 읽어 온 사람들도 많았지만, 그들에게 성경은 너무 익숙해서 무미건조하고 진부한 말로 전락해 있었다. 그들은 지루함을 느낀 나머지 성경을 제쳐 둔 상태였다. 그 양쪽 사이에 있는 사람은 많지 않았다. 내가 가장 중요하게 여긴 일은, 성경 말씀을 그 사람들의 머리와 가슴 속에 들여놓아서, 성경의 메시지가 그들의 삶이 되게 하는 것이었다. 그러나 거기에 관심을 갖는 사람은 거의 없었다. 신문과 잡지, 영화와 소설이 그들 입맛에 더 맞았다.

　결국 나는, 바로 그 사람들에게 성경의 메시지를 듣게—정말로 듣게—해주는 일을 내 평생의 본분으로 삼게 되었다. 그것이야말로 확실히 나를 위해 예비된 일이었다.

　나는 성경의 세계와 오늘의 세계라는 두 언어 세계에 살고 있었다. 나는 언제나 그 두 세계가 같은 세계인 줄 알았다. 그러나 사람들은 그렇게 보지 않았다. 나는 어쩔 수 없이 "번역가"(당시에는 그런 표현을 쓰지 않았지만)가 되었다. 날마다 그 두 세계의 접경에 서서, 하나님이 우리를 창조하시고 구원하시고 치유하시고 복 주시고 심판하시고 다스리실 때 쓰시는 성경의 언어를, 우리가 잡담하고 이야기하고 길을 알려 주고 사업하고 노래 부르고 자녀에게 말할 때 쓰는 오늘의 언어로 옮긴 것이다.

그렇게 하는 동안, 성경의 원어—강력하고 생생한 히브리어와 그리스어—는 끊임없이 내 설교의 물밑에서 작용했다. 성경의 원어는 단어와 문장을 힘 있고 예리하게 해주고, 내가 섬기는 사람들의 상상력을 넓혀 주었다. 그래서 오늘의 언어 속에서 성경의 언어를 듣고, 성경의 언어 속에서 오늘의 언어를 들을 수 있게 해주었다.

나는 30년간 한 교회에서 그 일을 했다. 그러던 어느 날(1990년 4월 30일이었다), 한 편집자가 내게 편지를 보내 왔다. 그동안 내가 목사로서 해온 일의 연장선에서 새로운 성경 번역본을 집필해 달라는 청탁의 편지였다. 나는 수락했다. 그 후 10년은 수확기였다. 그 열매가 바로 『메시지』다.

『메시지』는 읽는 성경이다. 기존의 탁월한 주석성경을 대체하기 위한 것이 아니다. 내 취지는 간단하다. (일찍이 우리 교회와 공동체에서도 그랬듯이) 성경이 충분히 읽을 수 있는 책이라는 사실을 모르는 사람들에게 성경을 읽게 해주고, 성경에 관심을 잃은 지 오래된 사람들에게 성경을 다시 읽게 해주는 것이다. 그렇다고 굳이 내용을 쉽게 하지는 않았다. 성경에는 이해하기 어려운 부분도 많이 있다. 그래서 『메시지』를 읽다 보면, 더 깊은 연구에 도움이 될 주석성경을 구하는 일이 조만간 중요하게 여겨질 것이다. 그때까지는, 일상을 살기 위해 읽으라. 읽으면서 이렇게 기도하라. "하나님, 말씀하신 대로 내게 이루어지기를 원합니다."

유진 피터슨

하나님의 주권을 인정하고 사는 것은 신앙인들의 일상에서 가장 어려운 일 가운데 하나다. 그러나 우리는 피해 갈 수 없다. 참으로 하나님께서 주권자이시다. 하나님께서 통치하신다. 그분은 우리 각자의 개인적 문제뿐 아니라 온 우주를 다스리신다. 우리가 예배 드리는 시간이나 장소에서만이 아니라, 사무실, 정당, 공장, 대학, 병원, 심지어 술집과 록 콘서트장에서도 그렇다. 엉뚱하고 터무니없는 개념처럼 보일지 모르지만, 성경에서 이보다 더 자주 강조되고 있는 것도 없다.

하지만 우리의 일상 경험은 하나님의 통치를 그다지 확증해 주지 않는다. 현실은 온갖 비인격적 세력과 오만한 자아들이 최고 권력자가 되겠다고 각축전을 벌이는 전쟁터 같다. 하나님과 무관해 보이는 세력과 의지들에 의해 늘 이리저리 휘둘리고 두들겨 맞는 것이 우리 대부분의 일상 경험이다. 그러나 어느 시대든, 깨어 있는 정신의 소유자들은 하나님께서 지금도 여전히 주권적으로 통치하고 계신다는 증언을 멈추지 않았다. 예수님을 가리키는 가장 오랜 호칭 가운데 하나는 '왕'이다.

그렇다면, 하나님의 주권적 통치를 알지 못하거나 거부하는 이 세상에서 우리가 하나님께서 알려 주신 그분의 주권을 인정하고 받들어 믿고 순종하며 살아갈 수 있는 방도는 무엇일까?

무엇보다 필요한 것은 하나님을 예배하는 자세다. 이런 자세는 순종하는 마음으로 성경을 읽을 때 생겨난다. 성경 읽기를 통해 우리의 사고와 행동은 학교 교과과정이나 언론 보도의 내용이 아니라, 하나님의 실재 안에서 움직이게 된다. 이렇게 예배하듯이 마음을 다해 말씀에 귀를 기울이는 과정에서, 열왕기서는 하나님의 주권적 통치 아래 살아가는 이들이 어떤 희망을 가질 수 있는지에 관한 필수자료를 제공한다.

우리 조상인 히브리 왕들의 이야기는 앞서 사무엘서에서 시작되었다. 그 이야기가 분명히 전해 주는 것처럼, 히브리 사람들이 왕을 갖는 것은 하나님의 생각이 아니었다. 그들이 고집을 피워 하나님께서 허락해 주신 것뿐이었다. 그렇다고 해도 하나님은 그 어떤 히브리 왕에게도 그분의 주권을 넘겨주신 바가 없다. 그분의 취지는 그 왕들을 통해 당신의 주권을 나타내는 일이었다.

그러나 이러한 취지는 제대로 살아나지 못했다. 오백 년에 걸쳐 사십 명이 넘는 왕들이 나타났지만, 내세울 만한 성과는 그다지 많지 않았다. 빛나는 황금기라 불리는 시대—

다윗과 히스기야와 요시야 시대—조차도 실은 그다지 빛나지 않았다. 인간이 제아무리 좋은 의도와 재능을 가졌다 해도, 하나님의 통치를 구현하는 일에는 턱없이 부족한 존재였다. 이러한 시각에 입각해 이 실패의 역사를 가차 없이 폭로한 책이 바로 열왕기서다. 오백 년 역사를 들추어 "왕을 갖게 해달라"고 하나님께 떼썼던 히브리 사람들의 요구가 얼마나 어리석은 것이었는지를 밝혀 낸 혹독한 증명서인 것이다.

그러나 수세기에 걸쳐 이 책을 읽어 온 독자들이 깨달은 바가 있다. 바로 그 왕들이 일으킨 말할 수 없는 혼란의 와중에서도 하나님께서는 쉼 없이 그분의 목적을 이루어 오셨고, 그 일에 그들을 사용하셨다는 사실이다. 그렇다. 하나님께서는 그저 그들을 폐기처분하거나 배제해 버리지 않으신다. 그분은 그들을 사용하신다. 그들이 원하든 원하지 않든, 알든 모르든, 그들은 이미 그분의 주권적 통치의 일부다. 히스기야도 그것을 어느 정도 이해하고 있었다. 그는 앗시리아로부터 구원해 주시기를 구하며 다음과 같이 기도한다.

위엄으로 그룹 보좌에 앉으신
하나님 이스라엘의 하나님,
주님은 세상 모든 나라를 다스리시는
한분 하나님이시며
하늘을 지으시고

땅을 지은 분이십니다.
하나님, 귀를 열어 들으시고
눈을 떠서 보십시오.……
주님만이 **하나님** 오직 한분 하나님이심을
세상 모든 나라로 알게 하십시오(왕하 19:15-16, 19).

하나님께서는 고발과 계시, 심판과 구원을 통해 당신의 목적을 이루신다. 이루어 내고야 마신다. 하나님께서는 앗시리아 왕을 두고 다음과 같이 말씀하셨다. "이 모든 일 뒤에 내가 있다는 생각을 너는 한 번도 해본 적이 없느냐? 아주 먼 옛날 내가 계획을 세웠고 이제 그것을 실행에 옮겼다"(왕하 19:25). 하나님의 통치란 바깥에서 부과되는 무엇이 아니다. 하나님은 우리에게 공의와 진리와 정의를 강제하지 않으신다. 그분의 통치는 안쪽에서부터 내밀하게, 그러나 끈기 있고 확고하게 움직여, 마침내 현실을 전복시키고야 마는 실체다. 열왕기서는 아무리 부적합하고 비협조적인 사람들의 무리 안에서도 하나님의 주권은 결국 행사되고야 만다는 사실을 탁월하게 증언해 준다.

열왕기서를 읽는 유익은 실로 엄청나다. 무엇보다 하나님의 통치는 힘 있고 경건한 사람들을 통해 효과적으로 구현된다고 생각했던 억측이 무너지면서, 그분의 주권을 한층 깊이 이해하고 경험하게 된다. 온갖 유토피아적 계획이나 망상들의 현혹에서 벗어나게 된다. 그에 따라, 아무리 문제

많고 죄 많은 지도자들(왕들)이 우리 사회와 교회를 농단하고 있다 하더라도, 그것 때문에 하나님의 통치가 무효화될 수는 없으며, 그 어떤 현실과 상황 속에서도 여전히 (은밀히) 행사되는 하나님의 주권을 마음껏 기뻐하고 즐거워할 수 있다는 사실을 깨닫게 된다.

열왕기상

1 ¹⁻⁴ 다윗 왕이 늙었다. 그도 세월을 당해 낼 수는 없었다. 이불을 몇 겹씩 덮어도 따뜻하지 않았다. 그래서 신하들이 왕에게 말했다. "우리가 주인이신 왕을 위해 젊은 처녀를 하나 구하여 왕 옆에서 시중들게 하겠습니다. 그 처녀와 함께 잠자리에 들면 왕께서 기력을 회복하실 것입니다." 그들은 이스라엘에서 가장 매혹적인 처녀를 물색하다가 수넴 사람 아비삭을 찾아 왕에게 데려왔다. 그 처녀는 눈부시게 아름다웠다. 그녀가 왕 옆에 머물며 시중을 들었으나, 왕은 그녀와 관계를 갖지 않았다.

⁵⁻⁶ 그때에 학깃의 아들 아도니야가 우쭐대며 말했다. "내가 다음 왕이다!" 그는 전차와 기병과 호위대 쉰 명을 앞세우고 다니며 세상의 주목을 끌었다. 그의 아버지는 그를 완전

히 버릇없는 아이로 길렀고, 한 번도 꾸짖지 않았다. 게다가, 그는 아주 잘생겼고 서열상 압살롬 다음이었다.

7-8 아도니야가 스루야의 아들 요압과 제사장 아비아달과 모의를 했는데, 그들이 그의 편에 서서 힘을 보탰다. 그러나 제사장 사독과 여호야다의 아들 브나야와 예언자 나단과 시므이와 레이와 다윗의 개인 경호대는 아도니야를 지지하지 않았다.

9-10 그 후에 아도니야가 로겔 샘 근처에 있는 소헬렛 바위 옆에서 대관식을 거행하고 양과 소, 살진 송아지를 제물로 바쳤다. 그는 자기의 형제들 곧 왕자들과 지위가 높고 영향력 있는 유다 사람을 모두 초청했으나, 예언자 나단과 브나야와 왕의 경호대와 동생 솔로몬은 초청하지 않았다.

솔로몬이 왕이 되다

11-14 나단이 솔로몬의 어머니 밧세바에게 가서 물었다. "학깃의 아들 아도니야가 왕이 되었는데, 우리 주인이신 다윗 왕은 전혀 모르고 계신 것을 아십니까? 서두르십시오. 당신과 솔로몬의 목숨을 구할 수 있는 길을 제가 알려 드리겠습니다. 당장 다윗 왕께 가서 이렇게 말씀하십시오. '내 주인인 왕이시여, 왕께서는 제게 "그대의 아들 솔로몬이 내 뒤를 이어 왕이 되어 내 왕위에 앉을 것이오" 하고 약속하지 않으셨습니까? 그런데 어찌하여 지금 아도니야가 왕이 되었습니까?' 당신이 거기서 왕과 말씀을 나누고 계시면, 제가 들

어가서 이야기하시는 것을 돕겠습니다."

¹⁵⁻¹⁶ 밧세바는 곧바로 왕궁 침실로 왕을 뵈러 갔다. 왕은 아
주 늙어서 아비삭이 옆에서 시중들고 있었다! 밧세바가 엎
드려 절하며 왕에게 예를 갖추자, 왕이 말했다. "무엇을 원
하시오?"

¹⁷⁻²¹ 밧세바가 말했다. "내 주인인 왕이시여, 왕께서 **하나님**
의 이름으로 제게 약속하시기를 '그대의 아들 솔로몬이 내
뒤를 이어 왕이 되어 내 왕위에 앉을 것이오' 하셨습니다.
그런데 지금 벌어진 일을 보십시오. 아도니야가 왕이 되었
는데, 내 주인이신 왕은 알지도 못하십니다! 그가 왕의 모든
아들과 제사장 아비아달과 군사령관 요압을 초청하고, 소와
살진 송아지와 양을 잡아 성대한 대관식을 거행했습니다.
그러나 왕의 종 솔로몬은 초청받지 못했습니다. 내 주인인
왕이시여, 이스라엘의 모든 눈이 왕께서 어떻게 하시는지
보려고―누가 내 주인이신 왕의 뒤를 이어 왕위에 앉나 보
려고―왕께 향해 있습니다. 왕께서 가만히 계시면, 왕을 여
의게 되는 순간에 제 아들 솔로몬과 저는 죽은 목숨이나 다
름없을 것입니다."

²²⁻²³ 밧세바가 왕에게 이 모든 말을 하고 있을 때에 예언자
나단이 들어왔다. 그러자 신하들이 "예언자 나단이 왔습니
다" 하고 알렸다. 그는 왕 앞에 나아가 얼굴을 땅에 대고 엎
드려 절하며 예를 갖추었다.

²⁴⁻²⁷ "내 주인인 왕이시여." 나단이 말문을 열었다. "왕께서

'아도니야가 내 뒤를 이어 왕이 되어 내 왕위에 앉을 것이다' 하셨습니까? 지금 그 일이 벌어지고 있어서 드리는 말씀입니다. 그가 왕의 모든 아들과 군지휘관들과 제사장 아비아달을 초청하고, 소와 살진 송아지와 양을 잡아 성대한 대관식을 거행했습니다. 그들은 먹고 마시고 '아도니야 왕 만세!'를 외치며 아주 유쾌한 시간을 보내고 있습니다. 그러나 저는 초청받지 못했고, 제사장 사독과 여호야다의 아들 브나야와 왕의 종 솔로몬도 마찬가지입니다. 혹시 내 주인이신 왕께서, 누구에게 왕위를 물려주실지 종들에게 알리지 않고 은밀하게 이 일을 행하셨습니까?"

28 다윗 왕이 "밧세바를 다시 안으로 들이시오" 하고 명령하자, 밧세바가 들어와 왕 앞에 섰다.

29-30 왕은 엄숙히 약속했다. "나를 온갖 고난에서 건지신 **하나님**께서 살아 계심을 두고 맹세하오. 나는 **하나님** 이스라엘의 하나님의 이름으로 약속한 대로 행할 것이오. 그대의 아들 솔로몬이 내 뒤를 이어 왕이 되고 나를 대신해 왕위에 앉을 것이오. 오늘 당장 그렇게 하리라."

31 밧세바는 얼굴을 땅에 대고 엎드려 절했다. 그리고 공손히 왕 앞에 무릎 꿇고 앉아서 말했다. "내 주인인 다윗 왕이시여, 만수무강하십시오!"

32 다윗 왕이 말했다. "사독 제사장과 예언자 나단과 여호야다의 아들 브나야를 들게 하라." 그들이 왕 앞에 나아왔다.

33-35 그러자 왕이 명령했다. "내 신하들을 모으고 내가 타는

왕실 노새에 내 아들 솔로몬을 태워, 기혼까지 행진해 가시
오. 거기 이르거든 제사장 사독과 예언자 나단이 솔로몬에
게 기름을 부어 그를 이스라엘의 왕으로 삼으시오. 그런 다
음 숫양 뿔나팔을 불며 '솔로몬 왕 만세!'를 외치고, 그를 수
행해 오시오. 그가 궁에 들어가서 왕좌에 앉고 내 뒤를 이어
왕위를 계승할 것이오. 내가 그를 이스라엘과 유다의 통치
자로 지명했소."

36-37 여호야다의 아들 브나야가 왕을 지지했다. "옳습니다!
하나님 내 주인이신 왕의 하나님께서 그렇게 하시기를 원합
니다! 지금까지 **하나님**께서 내 주인이신 왕과 함께 계신 것
처럼 솔로몬과도 함께 계시고, 그의 통치를 내 주인이신 다
윗 왕의 통치보다 더 크게 하시기를 원합니다!"

38-40 그리하여 제사장 사독과 예언자 나단과 여호야다의 아
들 브나야와 왕의 경호대(그렛 사람과 블렛 사람)가 내려가서
솔로몬을 다윗 왕의 노새에 태우고 함께 기혼으로 행진해
갔다. 제사장 사독은 성소에서 기름 한 병을 가져다가 솔로
몬에게 부었다. 그들은 숫양 뿔나팔을 불고 한목소리로 "솔
로몬 왕 만세!"를 외쳤다. 모든 백성이 함께 축하하며 연주
하고 노래하자, 그 소리가 온 땅을 울렸다.

41 아도니야와 그를 수행한 손님들이 대관식을 마칠 즈음에
그 소리를 들었다. 요압이 숫양 뿔나팔 소리를 듣고 말했다.
"대체 무슨 일이냐? 왜 이리 소란스러운 것이냐?"

42 그의 말이 끝나기도 전에, 제사장 아비아달의 아들 요나

단이 갑자기 나타났다. 아도니야가 말했다. "어서 오게! 그 대처럼 용감하고 착한 사람이라면 틀림없이 기쁜 소식을 가져왔겠지."

43-48 요나단이 대답했다. "아닙니다! 우리 주인이신 다윗 왕께서 조금 전에 솔로몬을 왕으로 삼으셨습니다! 또 왕께서 그의 주변에 제사장 사독과 예언자 나단과 여호야다의 아들 브나야, 그렛 사람과 블렛 사람을 두었고, 그들은 솔로몬을 왕의 노새에 태웠습니다. 제사장 사독과 예언자 나단이 기혼에서 그에게 기름을 부어 왕으로 삼았고, 지금 행렬이 노래하며 이쪽으로 오고 있는데, 아주 대단합니다! 성 안이 온통 진동하고 있습니다! 여러분께서 들으신 소리가 바로 그것입니다. 중요한 것은 솔로몬이 왕위에 앉았다는 사실입니다! 그뿐만이 아닙니다. 왕의 신하들이 와서 우리 주인이신 다윗 왕을 이렇게 축복했습니다. '하나님께서 솔로몬의 이름을 왕의 이름보다 더 존귀하게 하시고, 그의 통치를 왕의 통치보다 더 크게 하시기를 원합니다!' 왕은 죽음을 맞이할 침상에서 하나님을 예배하며, '내 왕위를 계승할 자를 주셨고 내가 살아서 그것을 보았다! **하나님** 이스라엘의 하나님을 찬양합니다!' 하고 기도했습니다."

49-50 아도니야의 손님들이 크게 놀라, 거기서 나와 사방으로 흩어졌다. 그러나 아도니야는 솔로몬에게 목숨을 잃을까 두려워 성소로 도망가서 제단 뿔을 붙잡았다.

51 사람들이 솔로몬에게 말했다. "아도니야가 솔로몬 왕을

두려워하여 성소에 들어가 제단 뿔을 잡고 '솔로몬 왕이 나를 죽이지 않겠다고 약속하지 않는 한 여기서 나가지 않겠다'고 말하고 있습니다."

52-53 그러자 솔로몬이 말했다. "그가 충신으로 밝혀지면 머리털 하나도 상하지 않겠지만, 그에게 악이 있다면 죽을 것이다." 솔로몬이 그를 불러들이자 사람들이 그를 제단에서 데려왔다. 아도니야가 와서 절하며 왕에게 예를 갖추었다. 솔로몬은 "집으로 가라"며 그를 돌려보냈다.

다윗이 솔로몬에게 한 당부

2 1-4 다윗은 죽을 날이 가까워지자, 아들 솔로몬에게 당부했다. "나는 곧 세상 모든 사람이 가는 길로 가겠지만, 너는 굳세어서 네가 어떤 사람인지 보여주어야 한다! 하나님께서 명령하시는 대로 행하고, 그분이 네게 보이시는 길로 걸어가거라. 인생의 지도(地圖)를 철저히 따르고 표지판을 잘 살펴보아라. 이는 하나님께서 모세에게 계시하신 것이다. 이것을 잘 따르면 네가 어디 가서 무엇을 하든지 잘될 것이다. 하나님께서는 내게 주신 약속, 곧 '네 자손이 그 걸음을 잘 살피고 마음을 다해 내게 진실하면, 네게서 이스라엘의 왕위를 이을 자가 항상 있을 것이다' 하신 말씀을 반드시 이루실 것이다.

5-6 그리고 스루야의 아들 요압이 이스라엘의 두 군사령관 넬의 아들 아브넬과 예델의 아들 아마사에게 한 일을 잊지

마라. 그는 평화로울 때에 전시인 것처럼 행동하여 그들을
무참히 살해했고, 그 핏자국이 아직까지 남아 있다. 네 생각
에 좋을 대로 행하되, 결코 그를 그냥 두지 말고 반드시 대
가를 치르게 하여라.

7 그러나 길르앗 사람 바르실래의 아들들에게는 너그러이
환대를 베풀어라. 내가 네 형 압살롬을 피해 생명을 구하고
자 달아났을 때 그들이 나를 선대해 주었다.

8-9 너는 또 바후림 출신 베냐민 사람 게라의 아들 시므이를
처리해야 한다. 그는 내가 마하나임으로 갈 때 아주 독하게
나를 저주했다. 나중에 그가 요단 강에서 나를 다시 맞았을
때, 나는 **하나님**의 이름으로 그에게 '나는 너를 죽이지 않겠
다'고 약속했다. 그렇다고 해서 아무 일도 없었던 것처럼 그
를 대해서는 안된다. 너는 지혜로우니, 이 일을 어떻게 처리
해야 하는지 알 것이다. 네가 잘 알아서, 그가 죽기 전에 대
가를 치르게 하여라."

※

10-12 그 후 다윗은 조상에게 돌아갔다. 그는 다윗 성에 묻혔
다. 다윗은 사십 년 동안 이스라엘을 다스렸는데, 헤브론에
서 칠 년, 예루살렘에서 삼십삼 년을 다스렸다. 솔로몬은 아
버지 다윗의 왕위를 이어 나라를 견고히 세웠다.

아도니야의 죽음

¹³⁻¹⁴ 학깃의 아들 아도니야가 솔로몬의 어머니 밧세바를 찾아왔다. 밧세바가 물었다. "평화로운 일로 왔는가?"

그가 말했다. "평화로운 일입니다." 그리고 말을 이었다. "드릴 말씀이 있습니다."

밧세바가 말했다. "어서 말해 보게."

¹⁵⁻¹⁶ "아시는 것처럼, 이 나라가 바로 제 손안에 있었고 모두들 제가 왕이 될 줄로 알았습니다. 그러나 일이 어긋나서 나라가 동생에게 돌아갔으니, 그것은 **하나님**께서 하신 일입니다. 그래서 이제 제가 한 가지 요청을 드리니, 거절하지 말아 주십시오."

밧세바가 말했다. "어서 말해 보게."

¹⁷ "어머니의 청이라면 마다하지 않을 테니, 솔로몬 왕에게 청하여 수넴 사람 아비삭을 제 아내로 삼게 해주십시오."

¹⁸ 밧세바가 말했다. "알았네. 내가 왕께 말하겠네."

¹⁹ 밧세바는 아도니야의 청을 전하려고 솔로몬 왕에게 갔다. 왕은 일어나 어머니를 맞이하여 공손히 절한 뒤에 다시 왕좌에 앉았다. 그가 어머니의 자리를 마련하자, 밧세바가 그의 오른쪽에 앉았다.

²⁰ 밧세바가 말했다. "내가 왕께 작은 청이 하나 있으니, 거절하지 마십시오."

그러자 솔로몬 왕이 대답했다. "어머니, 어서 말씀하십시오. 거절하지 않겠습니다."

²¹ 밧세바가 말했다. "수넴 사람 아비삭을 왕의 형 아도니야에게 아내로 주십시오."

²² 솔로몬 왕이 어머니에게 대답했다. "수넴 사람 아비삭을 아도니야에게 주라니요. 어찌 그런 부탁을 하십니까? 그는 나의 형이고 제사장 아비아달과 스루야의 아들 요압이 그의 편이니, 차라리 온 나라를 그에게 고스란히 바치라고 하지 그러십니까!"

²³⁻²⁴ 그러더니 솔로몬 왕은 **하나님**의 이름으로 맹세했다. "아도니야가 이번 일로 죽지 않으면 하나님께서 내게 천벌을 내리심이 마땅합니다! **하나님**, 곧 나를 내 아버지 다윗의 왕위에 견고히 세우시고 약속대로 나라를 내게 맡기신 하나님께서 참으로 살아 계심을 두고 맹세합니다. 아도니야는 이 일로 오늘 당장 죽을 것입니다!"

²⁵ 솔로몬 왕이 여호야다의 아들 브나야를 보내니, 그가 아도니야를 쳐죽였다.

²⁶ 왕은 또 제사장 아비아달에게 말했다. "그대의 고향 아나돗으로 돌아가시오. 그대도 죽어 마땅하지만, 그대가 내 아버지 다윗과 함께 있을 때 우리의 통치자 **하나님**의 궤를 맡았고, 또 내 아버지와 함께 모든 힘든 시기를 겪었으니 지금은 그대를 죽이지 않겠소."

²⁷ 솔로몬은 아비아달의 제사장직을 박탈했다. 이로써 **하나님**께서 실로에서 엘리 가문에 대해 하신 말씀이 이루어졌다.

²⁸⁻²⁹ 이 소식이 요압에게 전해지자, (압살롬 사건 때는 충성을

지켰지만) 아도니야와 공모했던 요압은 **하나님**의 성소로 피
하여 제단 뿔을 붙잡고 필사적으로 매달렸다. 요압이 **하나
님**의 성소로 피하여 제단을 붙잡고 있다는 말이 솔로몬에게
전해졌다. 솔로몬은 즉시 여호야다의 아들 브나야를 보내며
"그를 죽이라"고 명령했다.

30 브나야는 **하나님**의 성소로 가서 말했다. "왕의 명령이니,
나오시오."

요압이 말했다. "싫소. 나는 여기서 죽겠소."

브나야가 왕에게 돌아가서 보고했다. "요압이 거기서 죽겠
다 합니다."

31-33 왕이 말했다. "그렇다면 어서 가서 그의 말대로 하여
라. 그를 죽여서 땅에 묻어라. 나와 내 아버지 가문은 요압
이 저지른 무분별한 살인죄와 무관함을 보여라. **하나님**께서
그 잔혹한 살인을 요압의 머리에 갚으실 것이다. 그가 죽인
두 사람은 그보다 훨씬 나은 이들이었다. 그는 이스라엘 군
사령관 넬의 아들 아브넬과 유다 군사령관 예델의 아들 아
마사를 내 아버지 몰래 잔인하게 살해했다. 그들을 죽인 책
임은 영원히 요압과 그 자손에게 있을 것이다. 그러나 다윗
과 그의 자손과 집안과 나라에는 **하나님**의 평화가 임할 것이
다."

34-35 그래서 여호야다의 아들 브나야가 돌아가서 요압을 쳐
죽였다. 요압은 광야에 있는 그의 집안의 땅에 묻혔다. 왕은
요압을 대신해 여호야다의 아들 브나야를 군책임자로 세우

고 아비아달의 자리에 제사장 사독을 임명했다.

36-37 그 후에 왕이 시므이를 불러들여 그에게 말했다. "예루
살렘에 집을 짓고 거기서 살되, 절대로 그 지역을 떠나서는
안되오. 기드론 시내를 건너는 날에는 당신은 죽은 목숨이
나 다름없소. 그때는 당신 스스로 사형선고를 내리는 꼴이
될 것이오."

38 시므이가 왕에게 대답했다. "감사합니다! 좋은 내 주인이
신 왕의 말씀대로 하겠습니다." 시므이는 오랫동안 예루살
렘에서 살았다.

39-40 그로부터 삼 년이 지날 무렵, 시므이의 종 두 명이 가드
왕 마아가의 아들 아기스에게 도망쳤다. 사람들이 시므이에
게 "당신의 종들이 가드에 있다"고 알려 주었다. 시므이는
곧바로 나귀에 안장을 지우고 종들을 찾아 가드의 아기스를
찾아갔다. 그리고 자기 종들을 데리고 돌아왔다.

41 솔로몬에게 보고가 들어갔다. "시므이가 예루살렘을 떠
나 가드에 갔다가 지금 돌아왔습니다."

42-43 솔로몬은 시므이를 불러 말했다. "내가 당신에게 이 지
역을 떠나지 않겠다고 **하나님** 이름으로 약속하게 하고, 또
단단히 경고하지 않았소? 떠나면 당신 스스로 사형선고를
내리는 것과 같다고 하지 않았소? 당신도 '감사합니다. 왕
의 말씀대로 하겠습니다' 하지 않았소? 그런데 어찌하여 신
성한 약속을 어기고 이 지역을 벗어난 거요?"

44-45 왕은 계속해서 시므이에게 말했다. "당신이 내 아버지

다윗에게 저지른 모든 악을 당신은 마음속 깊이 알고 있소. 이제 **하나님**께서 그 악을 당신에게 갚으실 것이오. 하지만 나 솔로몬 왕은 복을 받고, 다윗의 통치는 **하나님** 아래서 영원히 견고할 것이오."

⁴⁶ 그러고 나서 왕이 여호야다의 아들 브나야에게 명령하자, 그가 나가서 시므이를 쳐죽였다.

이제 나라는 솔로몬의 손안에 확실하게 들어왔다.

솔로몬이 지혜를 구하다

3 ¹⁻³ 솔로몬은 이집트 왕 바로와 결혼 조약을 맺었다. 그는 바로의 딸과 결혼하고, 왕궁과 **하나님**의 성전과 예루살렘 성벽을 완공할 때까지 그녀를 다윗 성에 머무르게 했다. 당시까지 **하나님**의 이름을 위해 지어진 성전이 없었으므로, 백성은 지역 산당에서 예배를 드렸다. 솔로몬은 **하나님**을 사랑했고 아버지 다윗처럼 하나님을 높이며 살았으나, 그 역시 지역 산당에서 예배하며 제사를 드리고 향을 피웠다.

⁴⁻⁵ 왕은 지역 산당들 가운데 가장 유명한 산당이 있는 기브온으로 예배를 드리러 갔다. 왕은 그곳 제단 위에 번제물 천 마리를 바쳤다. 그날 밤 기브온에서, **하나님**께서 솔로몬의 꿈에 나타나셨다. "내가 너에게 무엇을 주기 원하느냐? 구하여라."

⁶ 솔로몬이 대답했다. "주께서는 제 아버지 다윗에게 더할

나위 없이 너그러운 사랑을 베푸셨습니다. 그는 주의 임재
하심 안에서 신실하게 살았고, 그의 판단은 정의롭고 그의
마음은 올곧았습니다. 또 주께서 크고 너그러운 사랑을 변
함없이 베푸셔서—바로 오늘!—그의 왕위에 앉을 아들을
주셨습니다.

7-8 그래서 제가 여기 있습니다. **하나님** 나의 하나님, 주께서
주의 종인 저를 제 아버지 다윗을 대신하여 이 나라를 통치
할 자로 삼으셨습니다. 저는 이 일을 감당하기에 너무 어리
고 아직 어린아이에 불과합니다! 아는 것도 없고 일의 자세
한 내용도 잘 모릅니다. 그런 제가 이렇게 주께서 택하신 백
성, 너무 많아 셀 수도 없는 큰 백성 가운데 있습니다.

9 제가 원하는 것은 이것입니다. 하나님의 음성을 듣는 마음
을 주셔서 주의 백성을 잘 인도하고 선악을 분별하게 해주
십시오. 주님의 영화로운 백성을 어느 누가 자기 힘으로 다
스릴 수 있겠습니까?"

10-14 주 하나님께서 솔로몬의 대답을 기뻐하셨다. 하나님께
서 그에게 말씀하셨다. "네가 오래 사는 것이나 부나 원수의
멸망을 구하지 않고, 다만 백성을 잘 지도하고 통치할 능력
을 구했으니, 네가 구한 대로 내가 네게 줄 것이다. 내가 네
게 지혜롭고 성숙한 마음을 줄 것이니, 너와 같은 사람은 이
전에도 없었고 앞으로도 없을 것이다. 또한 네가 구하지 않
은 부와 영광도 줄 것이니, 너만큼 누리는 왕은 어디에도 없
을 것이다. 네가 네 아버지 다윗처럼 인생의 지도와 내가 세

운 표지판을 잘 살피며 바른 길에서 벗어나지 않으면, 네게 장수의 복도 줄 것이다.”

¹⁵ 솔로몬이 잠에서 깨었다. 엄청난 꿈이었다! 그는 예루살렘으로 돌아와 하나님의 언약궤 앞에 서서 번제와 화목제로 예배 드리고, 모든 신하를 위해 잔치를 베풀었다.

¹⁶⁻²¹ 그때에, 두 창녀가 왕 앞에 나타났다. 한 여자가 말했다. “내 주인님, 이 여자와 저는 한집에 삽니다. 우리가 함께 살던 중에 제가 아이를 낳았습니다. 그리고 제가 출산한 지 사흘 후에 이 여자도 아이를 낳았습니다. 그때는 우리 둘뿐이었습니다. 집 안에 우리 둘 말고는 아무도 없었습니다. 그런데 하루는 이 여자가 잠결에 아이 위로 구르는 바람에 그 아들이 죽고 말았습니다. 이 여자는 한밤중에 일어나 제 아들을 데려다가—저는 그때 곤히 잠들어 있었습니다!—자기 품에 두고, 죽은 자기 아들은 제 품에 두었습니다. 제가 아침에 아이에게 젖을 주려고 일어나 보니 아이가 죽어 있지 뭡니까! 그러나 아이를 본 순간, 저는 그 아이가 제 아이가 아닌 것을 금세 알았습니다.”

²² “그렇지 않아!” 다른 여자가 말했다. “살아 있는 아이는 내 아이고, 죽은 아이가 네 아이야.”

첫 번째 여자가 다시 반박했다. “천만에! 죽은 아이가 네 아들이고, 살아 있는 아이는 내 아들이야.”

왕 앞에서 그들은 서로 다투었다.

²³ 왕이 말했다. “한 여자는 ‘살아 있는 아이가 내 아들이고

네 아들은 죽었다' 하고, 또 한 여자는 '아니다. 죽은 아이는
네 아들이고 살아 있는 아이가 내 아들이다' 하니 이 일을
어찌한단 말인가?"

²⁴ 잠시 후에 왕이 말했다. "칼을 가져오너라." 사람들이 왕
에게 칼을 가져왔다.

²⁵ 왕이 말했다. "살아 있는 아이를 둘로 갈라서 반은 이 여
자에게 주고, 반은 저 여자에게 주어라."

²⁶ 살아 있는 아이의 진짜 어머니는 아들 생각에 감정이 북
받쳐서 말했다. "안됩니다, 주인님! 아이를 산 채로 저 여자
에게 주십시오. 아이를 죽이지 마십시오!"

그러나 다른 여자가 말했다. "아이가 내 것이 될 수 없다면
네 것도 될 수 없지. 차라리 갈라 버리자!"

²⁷ 왕이 판결을 내렸다. "살아 있는 아이를 먼저 말한 여자
에게 내주어라. 아무도 이 아이를 죽이지 못한다. 저 여자가
진짜 어머니다."

²⁸ 이 소문이 사방으로 퍼져 나가, 이스라엘 모든 사람이 왕
의 판결을 들었다. 그들은 왕의 정확한 재판이 하나님의 지
혜에서 온 것임을 알고 왕을 두려워했다.

4

¹⁻² 솔로몬 왕의 이스라엘 통치는 시작이 좋았다.
그의 정부 지도자들은 이러하다.

2-6 사독의 아들 아사랴—제사장

시사의 아들들 엘리호렙과 아히야—서기관

아힐룻의 아들 여호사밧—사관

여호야다의 아들 브나야—군사령관

사독과 아비아달—제사장

나단의 아들 아사랴—지방 관리들의 총책임자

나단의 아들 사붓—제사장이자 왕의 친구

아히살—왕궁 관리인

압다의 아들 아도니람—강제노역 책임자.

7-19 솔로몬은 이스라엘 전역에 지방 관리 열두 명을 두었다. 그들은 왕과 그 행정부의 식량을 조달하는 책임을 맡았는데, 각 사람이 매년 한 달씩 맡아서 식량을 공급했다. 그들의 이름은 이러하다.

벤훌이 에브라임 산지를,

벤데겔이 마가스, 사알빔, 벳세메스, 엘론벳하난을,

벤헤셋이 소고와 헤벨 전역을 포함한 아룹봇을,

벤아비나답(그는 솔로몬의 딸 다밧과 결혼했다)이 나봇돌을,

아힐룻의 아들 바아나가 다아낙, 므깃도, 이스르엘 아래, 사르단 옆의 벳산 전역, 벳산에서부터 아벨므홀라를 지나 욕느암까지 이르는 지역을 맡았고,

벤게벨이 길르앗 라못을 맡았는데, 길르앗에 있는 므낫세의 아들 야일의 모든 마을, 바산의 아르곱 지역 안에 있는 성벽

과 청동 박힌 성문을 갖춘 큰 성읍 예순 개가 여기에 포함되었다.

잇도의 아들 아히나답이 마하나임을,

아히마아스(그는 솔로몬의 딸 바스맛과 결혼했다)가 납달리를,

후새의 아들 바아나가 아셀과 아롯을,

바루아의 아들 여호사밧이 잇사갈을,

엘라의 아들 시므이가 베냐민을 맡았고,

우리의 아들 게벨이 길르앗 땅 곧 아모리 왕 시혼과 바산 왕 옥의 땅을 맡았는데, 그가 전 지역을 맡아 관리했다.

솔로몬의 영화

20-21 유다와 이스라엘의 인구가 바닷가의 모래알처럼 많아졌다! 그들에게 필요한 모든 것이 채워졌고, 그들은 먹고 마시며 행복하게 지냈다. 솔로몬은 동쪽으로 유프라테스 강에서부터 서쪽으로 블레셋 사람의 땅과 이집트 국경에 이르기까지 모든 나라를 다스렸다. 그 나라들은 솔로몬이 살아 있는 동안 조공을 바쳐 그를 섬겼다.

22-23 솔로몬 왕실의 하루 식량은 이러했다.

고운 밀가루 6.6킬로리터

굵은 밀가루 13.2킬로리터

살진 소 10마리

방목한 소 20마리

양 100마리

그 밖에 사슴, 영양, 수노루, 살진 가금류 등이었다.

24-25 솔로몬은 딥사에서 가사까지 유프라테스 강 서편의 모든 나라와 왕들을 다스렸다. 어느 곳을 가든지 평화로웠다. 솔로몬이 살아 있는 동안, 북쪽으로 단에서부터 남쪽으로 브엘세바에 이르기까지 이스라엘과 유다의 모든 사람이 평화를 누리며 만족스럽게 살았다.

26-28 솔로몬에게는 전차를 끄는 말을 두는 마구간이 사만 칸, 기병이 만이천 명이 있었다. 지방 관리들은 각 사람이 맡은 달마다 솔로몬 왕과 왕의 식탁에 앉는 모든 사람의 식량을 언제나 풍성히 공급했다. 또 그들은 말에게 먹일 보리와 짚도 할당된 분량만큼 정해진 장소로 가져왔다.

29-34 하나님께서 솔로몬에게 지혜를 주시고, 가장 깊은 식견과 가장 넓은 마음을 주셨다. 그의 능력을 넘어서는 사람도 없었고, 그가 다루지 못할 일도 없었다. 솔로몬의 지혜는 칭송이 자자한 동양 현자들의 지혜를 능가했고, 유명한 이집트의 지혜보다도 뛰어났다. 그는 누구보다도 지혜로웠다. 예스라 사람 에단보다 지혜롭고, 마홀의 아들 헤만과 갈골과 다르다보다 지혜로웠으므로, 그의 명성이 주변 모든 나라에 자자했다. 삼천 가지의 잠언을 말했고, 천다섯 편에 이르는 노래를 지었다. 그는 레바논에서 자라는 커다란 백향목에서부터 담장 틈바구니에서 자라는 우슬초에 이르기까

지 모든 식물에 대해 해박했고, 짐승과 조류와 파충류와 어류에 대해서도 훤히 알았다. 그의 명성을 듣고서 온 땅의 왕들이 사람을 보냈는데, 그들이 솔로몬의 지혜를 들으러 각처에서 몰려왔다.

5

1-4 두로의 히람 왕은 솔로몬이 다윗을 이어 왕위에 올랐다는 말을 듣고 그에게 사신들을 보냈다. 히람은 일생 동안 다윗을 좋아했었다. 솔로몬은 이렇게 답했다. "왕께서도 아시는 것처럼, 내 아버지 다윗은 **하나님**께서 전쟁을 모두 끝내실 때까지 사방에서 전쟁을 치러야 했기에 **하나님**을 높이는 성전을 지을 수 없었습니다. 그러나 이제 **하나님**께서 사방에 평화를 주셔서, 아무도 우리를 대적하는 자가 없고 우리와 다투는 자도 없습니다.

5-6 그래서 이제 내가 하고 싶은 일이 있습니다. **하나님**께서 내 아버지 다윗에게 주신 약속, 곧 '내가 너를 이어 왕이 되게 할 네 아들이 나를 높이는 집을 지을 것이다' 하신 약속에 따라 **하나님** 나의 하나님을 높이는 성전을 지으려고 합니다. 왕께서 도우실 일이 있는데, 명령을 내려 레바논 숲의 백향목을 베어 주십시오. 내 벌목꾼들이 왕의 일꾼들과 함께 일할 것이고, 왕의 일꾼들에게는 왕께서 정하시는 대로 품삯을 줄 것입니다. 왕이나 나나 다 아는 바와 같이, 우리 중에는 시돈 사람만큼 벌목에 능한 자가 없습니다."

⁷ 솔로몬의 메시지를 들은 히람은 기뻐 외쳤다. "다윗에게 이런 지혜로운 아들을 주셔서 번성하는 백성을 다스리게 하신 **하나님**을 찬양합니다!"

⁸⁻⁹ 히람은 솔로몬에게 이런 메시지를 보냈다. "백향목과 잣나무를 보내 달라는 왕의 요청을 받았습니다. 왕의 소원이 곧 내 명령이니, 이미 시행된 것이나 마찬가지입니다. 내 벌목꾼들이 레바논 숲에서 바다까지 재목을 운반하고, 통나무 뗏목으로 엮어 왕께서 정하신 곳까지 물에 띄워 운송한 다음, 왕께서 가져가실 수 있도록 다시 풀어 놓을 것입니다. 왕께서는 인부들이 먹을 음식만 제공해 주시면 됩니다."

¹⁰⁻¹² 이렇게 히람은 백향목과 잣나무 재목을 솔로몬이 원하는 만큼 공급했다. 솔로몬은 히람에게 밀 4,400킬로리터, 깨끗한 올리브기름 440킬로리터를 주었고, 해마다 그렇게 했다. **하나님**께서는 친히 약속하신 대로, 솔로몬에게 지혜를 주셨다. 히람과 솔로몬 사이의 굳건한 평화는 조약으로 공식화되었다.

¹³⁻¹⁸ 솔로몬 왕은 이스라엘 전역에서 노역자 삼만 명을 징발했다. 그는 그들을 한 달에 만 명씩 교대로 레바논 숲으로 보내, 한 달은 레바논에서 일하게 하고 두 달은 본국에 있게 했다. 아도니람이 인부들을 관할했다. 솔로몬에게는 숙련되지 않은 일꾼 칠만 명과 산에서 채석하는 일꾼 팔만 명이 있었다. 그 밖에 삼천삼백 명의 공사감독이 전체 과정을 관리

하고 인부들을 감독했다. 그들은 왕의 명령에 따라 가장 크고 좋은 돌을 캐냈고 성전 기초로 쓸 수 있게 다듬었다. 솔로몬과 히람의 일꾼들은 그발 사람들의 도움을 받아 성전 건축에 쓸 목재와 석재를 자르고 준비했다.

솔로몬이 성전을 짓다

6 ¹⁻⁶ 이스라엘 백성이 이집트에서 나온 지 사백팔십년, 솔로몬이 이스라엘의 왕이 된 지 사 년째 되던 해 시브월 곧 둘째 달에, 솔로몬이 **하나님**의 성전을 짓기 시작했다. 솔로몬 왕이 **하나님**께 지어 드린 성전은 길이 27미터, 너비 9미터, 높이 13.5미터였다. 성전 앞에 있는 현관 폭은 성전 너비와 같이 9미터였고, 앞쪽으로 뻗어 나간 길이는 4.5미터였다. 성전 안에는 턱이 깊고 좁은 창들을 냈다. 또 바깥벽 사방에 보조 건물을 짓고, 그 안에 더 작은 방들을 냈는데, 그 너비가 1층은 2.25미터, 2층은 2.7미터, 3층은 3.15미터였다. 성전 바깥벽을 따라 턱을 내어 버팀벽 들보를 떠받치게 했다.

⁷ 성전 건물에 쓰이는 돌은 모두 채석장에서 다듬었으므로 건축 현장은 경건하고 조용했다. 망치나 정, 그 밖에 쇠 연장 소리가 전혀 들리지 않았다.

⁸⁻¹⁰ 1층 입구는 성전 남쪽 끝에 있었고, 2층과 3층으로 계단이 나 있었다. 솔로몬은 백향목 서까래와 널빤지로 성전 천장을 덮어 성전 건축을 마무리했다. 바깥벽을 따라 지은 보

조 건물은 백향목 들보로 성전과 연결되어 있었고, 그 안의 방들은 높이가 2.25미터였다.

11-13 하나님의 말씀이 솔로몬에게 임했다. "네가 짓고 있는 이 성전에 관해 알아야 할 중요한 것이 있다. 네가 내 교훈을 잘 따르고 순종하여서 내가 정해 준 대로 살고 내 명령대로 행하면, 내가 네 아버지 다윗에게 한 약속을 네게서 이룰 것이다. 내가 친히 이스라엘 백성 가운데 거할 것이며, 내 백성 이스라엘을 버리지 않을 것이다."

14-18 솔로몬이 성전 건축을 마쳤다. 성전의 안쪽 벽에는 바닥부터 천장까지 백향목 널빤지로 덮고, 성전 바닥에는 잣나무를 썼다. 성전 뒤쪽 9미터 지점에 바닥부터 천장까지 백향목 널빤지를 대어 성전의 내실, 곧 지성소를 만들었다. 앞쪽의 외실은 길이가 18미터였다. 성전 내부 전체에 입힌 백향목에는 과일과 꽃 모양을 새겼다. 전체가 백향목이어서 석재는 전혀 눈에 띄지 않았다.

19-22 성전 안 내실은 하나님의 언약궤를 두기 위해 마련했는데, 길이, 너비, 높이 모두 9미터인 정육면체 모양으로 전부 금을 입혔다. 백향목으로 된 제단에도 금을 입혔다. 어디를 보든지 순금이었다. 금을 입힌 내실 앞에는 금사슬을 드리우고, 벽과 천장과 바닥과 제단까지 모든 곳에 금을 입혔다. 눈이 부셨다!

23-28 솔로몬은 또 올리브나무로 그룹 둘을 만들었는데, 거대한 천사의 형상이었다. 각각의 높이가 4.5미터였고 그룹의

펼친 날개도 4.5미터였다(크기와 모양이 둘 다 똑같았다). 그
는 날개를 펼친 두 그룹을 내실에 두었다. 날개 길이를 합하
면 방 너비와 같아서, 한 그룹의 날개는 한쪽 벽에 닿고 다
른 그룹의 날개는 반대쪽 벽에 닿고 가운데에서 두 날개가
서로 맞닿았다. 그 그룹에도 금을 입혔다.

29-30 그는 또 내실과 외실 양쪽 모든 벽에 그룹과 종려나무
와 활짝 핀 꽃 모양을 새겨 넣었다. 그리고 내실과 외실 양
쪽 바닥 전체에 금을 입혔다.

31-32 내실 입구에는 올리브나무로 문을 만들어 달았는데, 상
인방과 문기둥은 오각형이었다. 문에도 그룹과 종려나무와
꽃 모양을 새기고 그 위에 금박을 입혔다.

33-35 비슷하게, 외실 입구의 문기둥도 올리브나무로 만들었
는데, 이 문기둥은 사각형이었다. 문은 잣나무로 만들었는
데, 두 짝으로 나누어 각각의 문이 따로 여닫히게 했다. 그
문에도 그룹과 종려나무와 꽃 모양을 새기고 얇게 두들겨
편 금박을 입혔다.

36 안뜰은 다듬은 돌을 세 층으로 쌓아 두르고, 맨 위에 대패
로 깎은 백향목 판자를 한 층 얹었다.

37-38 넷째 해 시브월에 하나님의 성전 기초를 놓았고, 열한
째 해 불월(여덟째 달)에 마지막 세부사항까지 설계대로 완
공되었다. 솔로몬이 성전을 건축하는 데 칠 년이 걸렸다.

솔로몬의 왕궁

7

1-5 솔로몬이 자신의 왕궁을 지어 완공하기까지 다시 십삼 년이 걸렸다. 그는 레바논 숲 궁전을 지었는데, 그 길이는 45미터, 너비는 22.5미터, 높이는 13.5미터였다. 백향목 기둥들을 네 줄로 세우고 그 위에 한 줄에 열다섯 개씩 마흔다섯 개의 백향목 들보를 얹었으며, 지붕도 백향목으로 덮었다. 양쪽 벽 높은 곳에는 창문을 세 개씩 냈다. 모든 문은 네모 모양으로 서로 마주 보게 배치했다.

6 그는 기둥을 세워 주랑을 만들었는데, 길이가 22.5미터, 너비가 13.5미터였다. 주랑 앞쪽에 현관이 있고, 그 위에 넓은 차양을 쳤다.

7 사법 문제를 판결하는 법정인 법원도 짓고, 그 바닥을 백향목으로 깔았다.

8 법원 뒤쪽에는 비슷한 설계로 자신이 거주할 궁을 지었다. 솔로몬은 또 아내로 맞이한 바로의 딸을 위해 똑같은 궁을 하나 더 지었다.

9-12 비용은 조금도 아끼지 않았다. 기초부터 지붕까지 안과 밖의 모든 것을, 정확히 잘라서 다듬은 고급 석재로 지었다. 기초를 놓을 때에도 최고급의 큰 돌을 썼는데, 그 크기가 3.6미터에서 4.5미터에 이르렀다. 기초 위에 놓은 돌도 가장 좋은 돌을 써서 규격대로 모양을 맞추고 백향목으로 장식했다. 안뜰을 두른 담은 하나님의 성전 현관에 있는 것과 똑같이 돌을 세 층으로 쌓고 맨 위에 백향목 판자를 얹었다.

❧

13-14 솔로몬 왕은 두로에 사람을 보내어 히람(왕이 아니라 다른 히람)을 데려왔다. 히람의 어머니는 납달리 지파의 과부였고, 아버지는 두로 사람으로 청동을 다루는 장인이었다. 히람은 진정한 예술가여서, 청동으로 못하는 일이 없었다. 그가 솔로몬 왕에게 와서 모든 청동 작업을 했다.

15-22 우선 그는 청동으로 두 기둥을 주조했는데, 각각 높이가 8.1미터, 둘레가 5.4미터였다. 다음에 기둥 위에 얹을 청동기둥머리 둘을 주조했는데, 각각 높이가 2.25미터에 맨 위는 활짝 핀 백합꽃 모양이었다. 각 기둥머리에는 꼰 사슬 일곱 개와 겹줄의 석류 이백 개씩을 정교한 세공물로 꾸며 웅장하게 장식했다. 그는 성전 입구 현관에 두 기둥을 세우고, 남쪽 기둥은 안전(야긴)이라 하고 북쪽 기둥은 안정(보아스)이라 했다. 기둥머리는 백합꽃 모양이었다.

22-24 기둥을 마치고 나서 히람은 바다를 만들었다. 바다는 금속을 주조해 만든 거대한 둥근 대야로, 지름 4.5미터, 높이 2.25미터, 둘레 13.5미터였다. 가장자리 아래에 두 줄로 호리병 모양의 장식용 박을 둘렀는데, 45센티미터마다 열 개씩이었다. 이 박은 바다와 함께 한 덩어리로 주조해 만들었다.

25-26 열두 마리 황소가 바다를 떠받치고 있는데, 세 마리는 북쪽을 향하고 세 마리는 서쪽을 향하고 세 마리는 남쪽을

향하고 세 마리는 동쪽을 향했다. 황소는 얼굴을 바깥쪽으로 향하고 뒤쪽 몸으로 바다를 떠받쳤다. 바다의 두께는 8센티미터였고, 가장자리는 잔이나 백합꽃처럼 벌어져 있었다. 그 용량은 44킬로리터 정도 되었다.

27-33 히람은 또 청동으로 세면대 열 개를 만들었다. 길이와 너비가 각각 1.8미터, 높이는 1.35미터였다. 세면대는 이렇게 만들었다. 곧게 세운 기둥에 판을 붙이고 판과 기둥에 사자, 황소, 그룹을 그렸다. 비스듬한 화환 무늬가 위아래로 사자와 황소와 맞닿았다. 각 세면대 밑에는 청동축이 달린 네 개의 청동바퀴를 달았다. 곧게 세운 기둥은 장식용 부조 세공과 함께 주조했다. 각 세면대에는 조각한 원형 지지물 위에 깊이 45센티미터의 대야가 있고, 그 밑에 가로 세로 67.5센티미터의 받침대가 있었다. 세면대 자체는 정사각형이었다. 대 밑에 축을 붙이고 그 축에 바퀴를 달았다. 바퀴는 지름이 67.5센티미터로 전차 바퀴처럼 생겼다. 그 축과 테두리와 살과 통은 모두 금속을 주조해 만들었다.

34-37 세면대의 네 귀퉁이에는 손잡이가 있었는데, 손잡이는 세면대와 함께 한 덩어리로 주조했다. 세면대 맨 위에는 약 22.5센티미터 정도 깊이의 테두리가 둥글게 둘려 있었다. 곧게 세운 기둥과 손잡이는 세면대와 함께 한 덩어리로 주조했다. 세면대의 모든 표면에는 그룹, 사자, 종려나무를 새기고 그 둘레에 화환 모양을 새겼다. 세면대들은 모두 같은

틀에 주조하여 모양이 똑같았다.

38-40 그는 또 청동으로 대야 열 개를 만들었는데, 각각 지름 1.8미터에 용량 880리터로, 열 개의 세면대 위에 각각 대야 하나씩이었다. 세면대 다섯 개는 성전 남쪽에, 다섯 개는 북쪽에 배치했다. 바다는 성전 남동쪽 모퉁이에 놓았다. 히람은 또 들통, 부삽, 대접 등 여러 기구를 만들었다.

40-45 히람은 솔로몬 왕을 위해 시작한 **하나님**의 성전 짓는 일을 모두 마쳤다.

기둥 둘
기둥 꼭대기에 얹은 기둥머리 둘
기둥머리의 장식용 세공물 둘
두 세공물에 달린 석류 모양 사백 개(각 세공물마다 겹줄의 석류)
세면대 열 개와 거기에 딸린 대야
바다 하나
바다 밑의 황소 열두 마리
그 밖의 들통, 부삽, 대접.

45-47 히람이 **하나님**의 성전을 위해 솔로몬 왕에게 만들어 준 이 모든 기구는 광택이 나는 청동으로 만든 것이었다. 왕은 숙곳과 사르단 사이에 있는 요단 평지의 주물 공장에서 진흙에 부어 주조하는 방법으로 그것들을 만들었다. 이 기구

들은 수가 너무 많아서 무게를 달지 않았다! 청동이 얼마나 쓰였는지 아무도 모른다.

48-50 솔로몬은 또 **하나님**의 성전에서 쓸 가구와 부속물도 만들었다.

금제단
임재의 **빵**을 차려 놓는 금상
내실 앞 오른쪽과 왼쪽에 각각 다섯 개씩 두는 나뭇가지 모양의 순금촛대
금꽃, 등잔, 부젓가락
순금접시, 심지 자르는 가위, 피 뿌리는 대접, 국자, 향로들
내실 곧 지성소 문과 외실 문에 다는 금돌쩌귀들.

51 이렇게 해서 솔로몬 왕은 **하나님**의 성전과 관련된 모든 일을 끝마쳤다. 그는 아버지 다윗이 거룩하게 구별해 두었던 물건, 곧 은과 금과 기구들을 가져다가 **하나님**의 성전 보물 보관소에 두었다.

언약궤를 성전으로 옮기다

8 1-2 이 모든 일의 마무리로, 솔로몬 왕은 시온, 곧 다윗 성에서 **하나님**의 언약궤를 가져오려고 이스라엘의 지도자들, 곧 모든 지파의 대표들과 각 가문의 족장들을

불러 모았다. 에다님월 곧 일곱째 달에, 온 이스라엘이 큰 가을 절기로 솔로몬 왕 앞에 모였다.

3-5 이스라엘의 모든 지도자가 참석한 자리에서 제사장들이 **하나님**의 궤를 메고, 궤와 회막과 회막에 딸린 모든 거룩한 그릇을 옮겼다. 솔로몬 왕과 이스라엘 온 회중은 궤 앞에서 예배하며 셀 수 없이 많은 양과 소로 제사를 드렸다. 그 수가 너무 많아 자세히 기록할 수 없었다.

6-9 곧이어 제사장들은 **하나님**의 언약궤를 제자리, 곧 성전 내실의 지성소 안 그룹들의 날개 아래에 가져다 놓았다. 그룹들의 펼친 날개가 궤와 그 채를 덮었다. 채는 아주 길어서 내실 입구에서 그 끝이 보였는데, 멀리서는 보이지 않았다. 그 채는 오늘까지 그곳에 있다. 궤 안에는 호렙에서 모세가 넣어 둔 두 돌판 외에는 아무것도 없었다. 호렙은 **하나님**께서 이스라엘을 이집트에서 이끌어 내신 뒤에 그들과 언약을 맺으신 곳이다.

10-11 제사장들이 성소에서 나오자, **하나님**의 성전에 구름이 가득 찼다. 구름 때문에 제사장들이 직무를 수행할 수 없었다. 성전이 **하나님**의 영광으로 가득했기 때문이다!

12-13 그때 솔로몬이 말했다.

　하나님께서는

아무도 볼 수 없는
어둠 속에 계시겠다고 말씀하셨습니다.
하나님, 주의 보이지 않는 영원한 임재의 표시로
제가 이 훌륭한 성전을 지었습니다.

¹⁴ 왕은 회중 쪽으로 돌아서서 그들을 축복했다.

¹⁵⁻¹⁶ "내 아버지 다윗에게 친히 말씀하신 **하나님** 이스라엘의 하나님을 찬양합니다. 그분께서 '내 백성 이스라엘을 이집트에서 이끌어 낸 날부터 오늘까지, 나는 내 이름을 둘 성전을 지으려고 이스라엘 지파 가운데 한 성읍을 따로 떼어 구별하지 않았다. 다만 다윗을 택하여 내 백성 이스라엘을 다스리게 했다'고 하신 말씀을 이제 지키셨습니다.

¹⁷⁻¹⁹ 내 아버지 다윗은 **하나님** 이스라엘의 하나님의 이름을 높이는 성전을 짓고자 했습니다. 그러나 **하나님**께서는 '네가 나를 높이는 성전을 짓기 원하니, 좋은 일이고 더없이 칭찬할 만한 일이다! 그러나 그 일을 할 사람은 네가 아니다. 네 아들이 내 이름을 높이는 성전을 지을 것이다' 하고 말씀하셨습니다.

²⁰⁻²¹ **하나님**께서는 말씀하신 대로 행하셨습니다. 그래서 내가 **하나님**의 약속대로, 내 아버지 다윗의 뒤를 이어 이스라엘을 다스려 온 것입니다. 이제 나는 **하나님** 이스라엘의 하나님을 높여 드리는 성전을 지었고, 그분께서 우리 조상을 이집트 땅에서 인도하여 내실 때 그들과 맺으신 언약을 넣은 궤를 둘 자리를 마련했습니다."

솔로몬의 기도

²²⁻²⁵ 솔로몬은 이스라엘 온 회중이 지켜보는 가운데, 제단 앞에 자리를 잡고 하늘을 향해 두 팔을 들고 기도했다.

하나님 이스라엘의 하나님, 위로 하늘이나 아래로 땅 그 어디에도 주와 같은 신이 없습니다. 주의 종들이 주의 길을 따르며 성실하게 살아갈 때, 주께서는 그들과 맺은 언약을 확실히 지키시며 그들을 아낌없이 사랑해 주십니다. 주께서는 제 아버지 다윗에게 주신 말씀, 주께서 친히 주신 말씀을 지키셨습니다. 작은 것까지 모두 약속하신 대로 행하셨습니다. 그 증거가 오늘 우리 앞에 있습니다! 하나님 이스라엘의 하나님, 계속 그렇게 해주십시오! 제 아버지 다윗에게 하신 약속, 곧 "네 자손이 주의하여 네가 내 앞에서 행한 것처럼 순종하여 살면, 네 자손이 항상 이스라엘의 왕위에 앉아 나를 대신해 다스릴 것이다" 라고 하신 그 약속을 계속해서 지켜 주십시오.

²⁶ 이스라엘의 하나님, 이 모든 것이 이루어지게 해주십시오.
확실하게 증명해 주십시오!

²⁷⁻³² 하나님께서 참으로 우리가 사는 곳에 오셔서 거하시 겠습니까? 우주조차도 주께서 편히 숨 쉴 만큼 넓지 못한

데, 제가 지은 이 성전이야 더 말할 것도 없습니다. 그러
할지라도 담대히 구합니다. **하나님** 나의 하나님, 제가 드
리는 중보기도와 간구에 귀를 기울여 주십시오. 지금 주
앞에 아뢰는 저의 뜨겁고 진실한 기도를 들어주십시오.
주께서 말씀하시기를 "내 이름이 거기서 높임을 받을 것
이다"라고 하신 이곳, 이 성전을 밤낮으로 지켜보시고,
제가 이곳에서 드리는 기도를 들어주십시오.

　　주께서는 주님 계신 곳 하늘에서 들으시고
　　들으실 때 용서해 주십시오.

이웃에게 해를 끼친 사람이 잘못을 바로잡기로 약속하고
이 성전 안에 있는 주님의 제단 앞에 나와 그 약속을 그대
로 아뢰면, 주께서는 하늘에서 들으시고 합당하게 행해
주십시오. 주님의 종들을 판결하셔서 가해자는 그 대가를
치르게 하시고 피해자는 모든 혐의를 벗도록 해주십시오.
33-34 주님의 백성 이스라엘이 주께 죄를 지어 적에게 패할
때라도 주께 돌이켜 이 성전에서 간절하고 진실한 기도로
주님의 통치를 인정하면,

　　주께서는 주님 계신 곳 하늘에서 들으시고
　　주님의 백성 이스라엘의 죄를 용서하시며
　　주께서 그들 조상에게 주신 땅으로 돌아오게 해주십

시오.

35-36 주님의 백성이 주께 죄를 지어서 하늘이 마르고 비가
오지 않을 때, 주께 벌을 받은 그들이 이곳에서 기도하며
주님의 통치를 인정하고 그 죄를 멈추면,

주께서는 주님 계신 곳 하늘에서 들으시고
주님의 종, 주님의 백성 이스라엘의 죄를 용서해 주십
시오.

그들과 다시 시작해 주십시오. 그들을 가르쳐 바르게 살
게 하시고, 주님의 백성에게 유산으로 주신 이 땅에 비를
내려 주십시오.
37-40 기근이나 재해, 흉작이나 질병, 메뚜기 떼나 병충해
같은 재앙이 닥치거나 원수가 요새로 쳐들어와 온갖 재난
이 닥칠 때, 주님의 백성 이스라엘 가운데 누구라도 재앙
이 일어났음을 깨닫고 이 성전을 향해 손과 팔을 들어 도
움을 구하는 기도를 드리면,

주께서는 주님 계신 곳 하늘에서 들어주십시오.

우리를 용서하시고 판단해 주십시오. 주께서는 각 사람의
마음을 아시니(오직 주님만이 사람의 속마음을 아십니다!)

각 사람에게 합당하게 갚아 주십시오. 그리하면 주께서
우리 조상에게 주신 이 땅에서 사는 동안, 그들이 주님을
경외하고 믿고 순종하게 될 것입니다.

41-43 주님의 백성 이스라엘에 속하지 않지만 주님의 명성
을 듣고 먼 나라에서 온 외국인들도 기억해 주십시오. 그
들은 분명 주님의 큰 명성을 듣고 기적을 행하시는 주님
의 능력에 이끌려 이 성전에 나와 기도할 것입니다.

주께서는 주님 계신 곳 하늘에서 들어주십시오.

그 외국인들이 드리는 기도에 응답해 주십시오. 그러면
주님이 누구이며 어떤 분이신지 온 세상 사람들이 알게
될 것이고, 주님의 백성 이스라엘처럼 주님을 경외하고
순종하며 살게 될 것입니다. 또한 그들은 주께서 제가 지
은 이곳을 친히 성전으로 여기신다는 것을 알게 될 것입
니다.

44-51 주님의 백성이 주님의 때에 주님이 보내시는 곳으로
가서 적과 싸울 때에, 주님이 택하신 이 성읍과 제가 주님
의 이름을 위해 지은 이 성전을 향해 기도하면,

주께서는 그들이 기도하고 구하는 것을 하늘에서 들
으시고
그들의 형편에 맞게 행하여 주십시오.

그들이 주께 죄를 지어ㅡ죄가 없는 사람은 아무도 없으니 그들도 분명히 죄를 지을 것입니다!ㅡ주의 진노를 사서 원수의 손에 넘겨져 멀든 가깝든 원수의 나라에 포로로 잡혀갈지라도, 그 나라에서 회개하고 포로생활 중에 마음을 돌이켜 "우리가 죄를 지었습니다. 잘못을 저질렀습니다. 사악한 짓을 행했습니다"라고 고백하면, 또한 원수의 땅에서 마음을 다해 주께로 돌이키며 주님이 그들 조상에게 주신 고향 땅과 주님이 택하신 이 성읍과 제가 주님의 이름을 위해 지은 이 성전을 향해 기도하면,

주께서는 그들의 간절하고 진실한 기도를
주님 계신 곳 하늘에서 들으시고
그들에게 가장 좋은 것을 행하여 주십시오.

주께 죄를 지은 주님의 백성을 용서해 주십시오. 그들의 반역을 용서하시고, 그들을 포로로 잡은 자들의 마음을 움직이셔서 그들을 불쌍히 여기게 해주십시오. 그들은 철을 녹이는 용광로 같은 이집트 한복판에서 주님이 구해내신 주님의 백성이요 주님의 귀한 유산입니다!

52-53 주님의 종인 저의 간구와 주님의 사랑하시는 백성 이스라엘의 간곡한 기도에 늘 귀를 기울여 주십시오. 그들이 주께 부르짖을 때마다 들어주십시오! **하나님**, 주님의

강력한 주권으로 우리 조상을 이집트에서 구해 내실 때 주님의 종 모세를 통해 선포하신 것처럼, 주께서 이 땅의 모든 민족 가운데 그들을 친히 택하셔서 주님의 백성이 되게 하셨습니다.

❧

54-55 이 모든 담대하고 뜨거운 기도를 **하나님**께 드린 뒤에, 솔로몬은 무릎 꿇고 있던 **하나님**의 제단 앞에서 일어나 하늘을 향해 손을 뻗었다. 그렇게 선 채로 소리 높여 이스라엘 온 회중을 축복했다.

56-58 "친히 말씀하신 대로, 당신의 백성 이스라엘에게 평화를 주신 **하나님**을 찬양합니다. 그분이 모세를 통해 하신 모든 선하고 놀라운 말씀이 단 한 마디의 예외 없이 모두 이루어졌습니다. **하나님** 바로 우리 하나님께서 우리 조상과 함께 계셨던 것처럼 우리와 계속해서 함께 계시기를 바랍니다. 그분께서 절대로 우리를 포기하거나 떠나지 않으시기를 바랍니다. 우리가 늘 그분께 집중하고 헌신하게 하셔서, 그분이 예비하신 인생길을 따라갈 때에 표지판을 주의 깊게 살피며, 그분이 우리 조상에게 정해 주신 걸음걸이와 장단에 따라 걷게 하시기를 바랍니다.

59-61 그리고 내가 **하나님** 앞에서 기도로 아뢴 이 말씀이 밤낮으로 그분 앞에 있어서, 그분이 내 형편에 맞게 행하시고 날마다 그분의 백성 이스라엘에게 공의를 보장해 주시기를

바랍니다. 그러면 이 땅의 모든 사람이 **하나님**께서 참 신이
시며 다른 신이 없음을 알게 될 것입니다. 그러니 여러분도
하나님 우리 하나님께 전적으로 순종하며 살아야 합니다.
그분이 예비해 주신 인생길을 따라가고 그분께서 오늘 분명
히 밝혀 주신 모든 것에 주의하여, 깨어서 살아야 합니다."

성전 봉헌

62-63 그 후에 왕과 온 이스라엘이 **하나님**께 제사를 드리며
예배했다. 솔로몬은 소 22,000마리, 양 120,000마리를 **하
나님**께 제물로 바치며 화목제를 드렸다. 이렇게 왕과 온 이
스라엘이 **하나님**의 성전을 봉헌했다.

64 그날 왕은 **하나님**의 성전 앞뜰 한가운데를 거룩한 장소로
구별하고, 거기서 번제물과 곡식 제물, 화목 제물의 지방을
바쳤다. 청동제단은 너무 작아서 이 모든 제물을 다 바칠 수
없었기 때문이다.

65-66 이렇게 솔로몬은 큰 가을 절기를 지켰고, 온 백성이 그
와 함께했다. 북동쪽 끝(하맛 입구)에서부터 남서쪽 끝(이집
트 시내)에 이르는 지역에 사는 백성이 모여, 큰 회중을 이루
었다. 그들은 칠 일을 계획하여 축제를 시작했다가 칠 일을
더 늘려 꼬박 이 주 동안 축제를 벌였다! 그 후에야 솔로몬
이 백성을 돌려보냈다. 그들은 왕을 축복하고 집으로 돌아
갔다. **하나님**께서 그분의 종 다윗과 그분의 백성 이스라엘
에게 베푸신 모든 선한 일들로 인해 그들 마음에 감사가 흘

러넘쳤다.

❧

9 ¹⁻² 솔로몬이 **하나님**의 성전과 그의 왕궁을 건축하는 일, 곧 마음먹었던 모든 일을 마친 뒤에, **하나님**께서 전에 기브온에서 나타나셨던 것처럼 솔로몬에게 다시 나타나셨다.

³⁻⁵ **하나님**께서 그에게 말씀하셨다. "내가 네 기도와 뜨거운 간구를 모두 들었다. 네가 지은 이 성전을 내가 거룩하게 했다. 이제 내 이름이 그 위에 영원히 새겨졌으니, 내 눈이 그 위에, 내 마음이 그 안에 언제나 머물 것이다. 네가 네 아버지 다윗처럼 순전한 마음으로 내 앞에서 행하고 내가 정해 준 삶을 따라 살며 내 가르침과 판단에 주의하여 순종하면, 이스라엘을 다스리는 너의 왕권이 든든한 기초 위에 서게 될 것이다. 네 아버지 다윗에게 보증했던 것처럼 네게도 이것을 보증하겠다. '이스라엘의 왕위에서 네 자손이 항상 끊이지 않을 것이다.'

⁶⁻⁹ 그러나 너와 네 자손이 내게 반역하고 내 가르침과 판단을 무시하며 이방 신들과 어울리면서 그것들을 섬기고 예배하면, 그때에는 이 보증이 무효가 될 것이다. 나는 이스라엘을 멸하고 내 이름을 높이도록 거룩하게 구별한 이 성전에서 등을 돌릴 것이다. 그러면 이스라엘은 세상 민족들 사이에서 흉한 농담거리가 되고 말 것이다. 지금은 이렇게 훌륭

한 이 성전도 비웃음거리가 되고 말 것이다. 지나가는 사람들이 고개를 저으며 '이게 어찌 된 일인가? 어쩌다가 이렇게 망해 버렸는가?' 하고 물을 것이다. 그러면 그들은 이런 답을 듣게 될 것이다. '한때 여기 살던 민족은 그들의 **하나님**, 곧 그들 조상을 이집트에서 구해 낸 하나님께 반역했다. 그들은 이방 신들과 어울리며 그것들을 예배하고 섬겼다. 그래서 하나님께서 이렇게 폐허로 만들어 버리신 것이다.'"

❦

10-12 솔로몬은 이십 년 만에 두 건물, 곧 **하나님**의 성전과 자신의 왕궁을 지은 뒤에, 두로 왕 히람에게 갈릴리 땅에 있는 마을 스무 개를 선물로 주었다. 이것은 히람이 솔로몬이 원하는 대로 백향목과 잣나무와 금을 준 것에 대한 보답이었다. 그러나 두로에서 와서 솔로몬이 준 마을들을 둘러본 히람은 선물이 마음에 들지 않았다.

13-14 히람이 말했다. "친구여! 오지의 산골 마을 스무 개라니, 이것이 무슨 보답이오?" 사람들은 지금도 그곳을 쓸모없는 오지 마을이라고 부른다. 히람이 4.5톤가량의 금에 대한 답례로 솔로몬에게서 받은 것은 그것이 전부였다!

솔로몬의 나머지 업적

15 솔로몬 왕이 노역을 동원해 **하나님**의 성전과 자기 왕궁, 방어시설(밀로), 예루살렘 성벽, 하솔과 므깃도와 게셀에 요

새화된 성읍을 건축한 공사 기록은 이러하다.

16-17 전에 이집트 왕 바로가 올라와서 게셀을 점령하여 불사르고 그곳에 살던 가나안 사람을 다 죽였다. 그는 그 도시를 솔로몬의 아내가 된 자기 딸에게 결혼 선물로 주었다. 그래서 솔로몬이 게셀을 재건했다.

17-19 솔로몬은 또 아랫 벳호론과 바알랏, 사막의 다말, 곡식을 저장해 둘 변방의 성읍, 전차와 말을 둘 성읍들을 건축했다. 예루살렘이든 레바논이든 자기 마음에 드는 곳이면 어디에나 대대적인 건축 공사를 벌였다.

20-23 솔로몬은 그 땅 원주민(이스라엘 자손이 아닌 아모리 사람, 헷 사람, 브리스 사람, 히위 사람, 여부스 사람) 가운데서 살아남은 무리, 곧 거룩한 전쟁에서 살아남은 자들을 강제노역 부대로 편성했는데, 이 정책은 오늘까지 시행되고 있다. 그러나 이스라엘 사람은 그런 대우를 받지 않았다. 그들은 솔로몬의 군대와 행정부에서 정부 지도자, 전차와 전차병 지휘관으로 일했다. 또한 그들은 솔로몬의 건축 공사를 책임지는 관리가 되었는데, 모두 550명이 노역자들을 감독했다.

24 바로의 딸이 정식으로 다윗 성에서 올라와 그녀를 위해 특별히 지은 궁에 들어가 살았다. 그 후에 솔로몬은 방어시설(밀로)을 지었다.

25 매년 세 번씩 솔로몬은 **하나님**의 제단에서 예배하며 번제와 화목제를 드리고 **하나님** 앞에 향을 피웠다. 그는 성전과 관련해서 필요한 것이 있으면 무엇이든 아끼지 않았고, 인

색함이 없었다.

²⁶⁻²⁸ 그는 배도 만들었다! 에돔 땅 홍해 해변의 엘랏 근처에 있는 에시온게벨에서 배를 만들었다. 히람은 바다를 잘 아는 뱃사람들을 보내, 솔로몬 사람들의 항해를 돕게 했다. 그들은 오빌로 출항한 뒤 금 16톤을 가지고 돌아와, 솔로몬 왕에게 바쳤다.

스바 여왕의 방문

10
¹⁻⁵ 스바 여왕이 솔로몬에 대한 소문과 그것이 하나님의 이름과 관련이 있다는 말을 듣고, 어려운 질문으로 그의 명성을 시험해 보기 위해 솔로몬을 찾아왔다. 그녀는 향료와 어마어마한 양의 금과 값진 보석을 낙타에 싣고, 당당하고 호화롭게 예루살렘에 입성했다. 그녀는 솔로몬에게 나아와 평소 관심 있던 온갖 주제를 논하며 자신의 생각을 모두 이야기했다. 솔로몬은 그녀가 내놓은 모든 주제에 답했고, 어떤 질문에도 말문이 막히지 않았다. 솔로몬의 지혜를 직접 경험한 스바 여왕은 그가 지은 왕궁, 잘 차려 놓은 식사, 멋있게 줄지어 선 왕궁 관리들, 단정하게 차려입은 시종들, 호화로운 수정, 그리고 하나님의 성전에 오르는 계단에서 아낌없이 번제를 드리는 정성스런 예배를 보며 그 모든 것에 감탄했다.

⁶⁻⁹ 그녀가 왕에게 말했다. "모두 사실이었군요! 왕의 업적과 지혜에 대한 명성이 내 나라에까지 들려왔는데, 이제 모

두 확인했습니다. 내가 직접 보지 않았으면 믿지 못했을 것입니다. 사람들의 말이 과장이 아니었군요! 왕의 지혜와 기품은 내가 상상한 것보다 훨씬 뛰어납니다. 왕 밑에서 일하는 사람들은 날마다 왕 곁에서 지혜로운 말을 직접 들으니 얼마나 복됩니까! 당신을 총애하셔서 왕으로 삼으신 **하나님** 당신의 하나님을 찬양합니다. 그분이 당신을 왕으로 삼아 공의로 질서를 유지하게 하시고 소중한 백성을 보살피게 하신 것은, 이스라엘을 향한 그분의 사랑에서 비롯된 것임이 분명합니다."

10 그런 다음 그녀는 4.5톤가량의 금과 수많은 향료와 값비싼 보석을 왕에게 주었다. 스바 여왕이 솔로몬 왕을 위해 향료를 가져온 이후로, 그처럼 많은 향료가 배로 들어온 일은 다시 없었다.

11-12 히람의 배들은 오빌에서 금을 수입해 오면서 엄청난 양의 향기로운 백단목과 값비싼 보석도 함께 가져왔다. 왕은 백단목으로 하나님의 성전과 왕궁에 들일 세련된 가구를 제작하고 음악인들을 위해 하프와 수금을 만들었다. 그만한 백단목을 들여온 경우는 이후로 없었다.

13 솔로몬 왕은 스바 여왕이 원하는 것을 모두 주었다. 이미 후하게 준 것 외에도 그녀가 구하는 것은 무엇이든 다 주었다. 그녀는 흡족해 하며 신하들을 이끌고 자기 나라로 돌아갔다.

❦

14-15 솔로몬은 매년 조공으로 금 25톤을 받았다. 이것은 상인과 여러 왕과 지방 장관들과의 무역에서 나오는 세금과 수익 외의 수입이었다.

16-17 솔로몬 왕은 얇게 두들겨 편 금으로 사람 키만한 방패 이백 개—방패 하나에 금 3.4킬로그램씩 들어갔다—와 그 절반 크기의 작은 방패 삼백 개를 만들었다. 그는 그 방패들을 레바논 숲 궁전에 두었다.

18-20 왕은 상아로 큰 보좌를 만들고, 눈에 잘 띄도록 겉에 금을 입혔다. 보좌 아래에는 여섯 개의 층계가 있었고, 보좌 뒤쪽은 아치모양이었다. 양쪽 팔걸이 옆으로 사자상을 두었는데, 여섯 층계의 양쪽 끝에도 각각 사자상이 하나씩 서 있었다. 주변 어느 나라에도 그와 같은 보좌는 없었다.

21 솔로몬 왕의 잔과 컵은 금으로 만들었고, 레바논 숲 궁전의 식기도 모두 순금으로 만들었다. 은으로 만든 것은 하나도 없었다. 솔로몬 시대에 은은 흔하고 값싼 것이었다.

22 왕은 원양 선박을 바다에 두어 히람의 배와 함께 있게 했다. 삼 년에 한 번씩 그 배가 금과 은, 상아, 원숭이, 공작을 실어 날랐다.

23-25 솔로몬 왕은 지상의 그 어떤 왕보다 지혜롭고 부유했다. 그는 모든 왕보다 뛰어났다. 온 세상 사람들이 하나님께서 솔로몬에게 주신 지혜를 배우려고 찾아왔다. 오는 사람

마다 금은 기물, 고급 예복과 의복, 최신 무기, 외국산 향료, 말과 노새 같은 선물을 가져왔다. 방문객들의 행렬이 매년 줄을 이었다.

26-29 솔로몬은 전차와 말을 모았다. 그가 모은 전차가 천사백 대, 말이 만이천 마리였다! 그는 그 말들을 예루살렘뿐 아니라 전차가 주둔해 있는 특별 성읍들에도 두었다. 그의 시대에는 은이 돌처럼 흔했고, 백향목도 낮은 산지의 무화과나무만큼이나 흔했다. 왕이 타는 말은 이집트와 실리시아에서 들여왔는데, 특별히 왕의 중개인들이 매입했다. 이집트에서 들여온 전차는 은 6.8킬로그램, 말은 은 1.7킬로그램에 거래되었다. 솔로몬은 헷과 아람 왕실을 상대로 말 무역을 벌여 호황을 누렸다.

솔로몬이 하나님을 저버리다

11

1-5 솔로몬 왕은 여자에 집착했다. 바로의 딸은 그가 사랑한 많은 이방 여인들—모압, 암몬, 에돔, 시돈, 헷 여인들—가운데 첫 여자에 불과했다. 하나님께서 이스라엘에게 "너희는 그들과 결혼해서는 안된다. 그들이 너희를 꾀어 그들의 신들을 섬기게 할 것이다"라고 분명히 경고하셨지만, 그는 주변 이방 나라들에서 여인들을 취했다. 솔로몬은 자신의 마음을 빼앗은 그 여인들을 포기하지 않았다. 그는 칠백 명의 왕비와 삼백 명의 후궁, 모두 합해 천 명의 아내를 두었다! 과연 여인들이 그를 꾀어 하나

님에게서 멀어지게 했다. 솔로몬이 늙자 아내들은 자기들의 이방 신들로 그를 꾀었고, 결국 그는 하나님을 저버리게 되었다. 그는 아버지 다윗과 달리 **하나님께** 끝까지 신실하지 못했다. 솔로몬은 시돈의 창녀 여신 아스다롯과 암몬의 혐오스러운 신 몰렉을 가까이했다.

6-8 솔로몬은 공공연히 **하나님**을 거역하면서, 아버지 다윗이 걸어간 길을 따르지 않았다. 더 나아가 그는 예루살렘 동쪽 산에 모압의 혐오스러운 신 그모스와 암몬의 혐오스러운 신 몰렉을 섬기는 산당들을 지었다. 그는 자신의 모든 이방 아내들을 위해 그와 같은 산당을 지었다. 그들이 바친 제사의 연기와 냄새가 그 땅을 더럽혔다.

9-10 솔로몬이 이스라엘의 **하나님**을 버렸으므로 **하나님께서** 그에게 진노하셨다. 하나님께서는 두 번이나 그에게 나타나셔서 다른 신들을 가까이하지 말라고 분명히 명령하셨지만, 솔로몬은 **하나님의** 명령에 순종하지 않았다.

11-13 **하나님께서** 솔로몬에게 말씀하셨다. "네가 이런 식으로 믿음을 저버리고 내 명령대로 행할 뜻을 보이지 않으니, 내가 네게서 나라를 빼앗아 다른 사람에게 넘겨줄 것이다. 다만 네 아버지 다윗을 생각해서 네 생전에는 그리하지 않겠다. 하지만 네 아들이 대가를 치를 것이니, 내가 그의 손에서 나라를 빼앗을 것이다. 그러나 내 종 다윗과 내가 택한 성 예루살렘을 생각하여, 다 빼앗지는 않고 한 지파를 남겨 둘 것이다."

14-20 **하나님께서** 에돔 왕의 후손 하닷을 일으키셔서 솔로몬을 대적하게 하셨다. 예전에 다윗이 에돔을 멸할 때, 군사령관 요압이 죽은 사람들을 묻으러 갔다가 에돔의 남자들을 모두 쳐죽인 일이 있었다. 요압과 그 군대는 그곳에 여섯 달 동안 머물면서 에돔의 모든 남자를 철저하게 죽였다. 당시 소년이었던 하닷은, 자기 아버지 밑에서 일하던 에돔 사람 몇몇과 함께 피신했다. 피난길에 오른 그들은 미디안을 지나 바란으로 갔고, 거기서 사람을 좀 더 모아 이집트로 가서 이집트 왕 바로를 만났다. 바로는 하닷에게 집과 양식은 물론 땅까지 내주었다. 바로는 그를 아주 좋아해서 자기 아내 다브네스 왕비의 동생을 아내로 주었다. 그녀는 하닷과 결혼하여 그누밧이라는 아들을 낳고 왕족처럼 길렀다. 그누밧은 바로의 자녀와 함께 궁에서 자랐다.

21 이집트에 살던 하닷은 다윗과 군사령관 요압이 죽었다는 소식을 듣고 바로에게 가서 말했다. "왕의 축복 속에 저를 보내 주십시오. 제 나라로 돌아가고 싶습니다."

22 "이유가 무엇이오?" 바로가 말했다. "어찌하여 이곳을 떠나려 하오? 그대 마음에 거슬리는 것이 있소?"

하닷이 말했다. "모든 것이 좋습니다. 하지만 고향 땅으로 가고 싶습니다. 저를 보내 주십시오!"

솔로몬의 적들이 일어나다

23-25 그 후에 하나님께서 다른 적을 일으키셔서 솔로몬을 대

적하게 하셨다. 그는 엘리아다의 아들 르손으로, 일찍이 자기 주인 소바 왕 하닷에셀에게서 도망친 사람이었다. 다윗이 아람 사람을 죽인 뒤에, 르손은 무법자들을 모아 그들의 지도자가 되었다. 나중에 그들은 다마스쿠스에 정착했는데, 거기서 르손은 결국 왕이 되었다. 하닷처럼 르손도 솔로몬이 살아 있는 동안 이스라엘을 괴롭혔다. 그는 아람을 다스리는 왕이었고 이스라엘을 미워했다.

26 그러다가 결정적인 사건이 터졌다. 느밧의 아들 여로보암이 왕에게 반역한 것이다. 그는 스레다 출신의 에브라임 사람으로, 그의 어머니는 스루아라는 과부다. 그는 솔로몬 밑에서 왕을 섬기던 사람이었다.

27-28 그가 반역한 이유는 이러하다. 전에 솔로몬은 외곽 방어시설(밀로)을 짓고, 아버지 다윗 때부터 파손되어 있던 요새들을 복구했다. 그 건축 기간 중에 여로보암은 강하고 실력 있는 자로 돋보였다. 솔로몬은 젊은 그가 일을 잘하는 것을 보고 요셉 지파의 노역자 전부를 그의 손에 맡겼다.

29-30 하루는 여로보암이 예루살렘에서 나와 길을 가다가, 실로의 예언자 아히야를 만났다. 그는 새 옷을 입고 있었는데, 외딴 길목에 그 두 사람밖에 없었다. 아히야는 자기가 입고 있던 새 옷을 벗어 열두 조각으로 찢었다.

31-33 그러고는 여로보암에게 말했다. "이 중에서 열 조각을 가지십시오. 이스라엘의 **하나님**께서 이렇게 **명령**하십니다.

'내가 하려는 일을 보아라. 내가 솔로몬의 손에서 나라를 빼앗아 너에게 열 지파를 넘겨줄 것이다. 내 종 다윗과 내가 특별히 택한 성 예루살렘을 생각하여, 솔로몬에게 한 지파는 남겨 둘 것이다. 이렇게 하는 이유는, 그가 나를 버리고 가서 시돈의 여신 아스다롯과 모압의 신 그모스와 암몬의 신 몰렉을 섬겼기 때문이다. 그는 내가 일러 준 대로 살지 않았고 내가 원하는 일을 행하지 않았으며, 그의 아버지 다윗과 달리 내 지시에 따르지도 명령에 순종하지도 않았다.

34-36 그러나 나는 그에게서 나라를 모두 빼앗지는 않을 것이다. 다윗은 내가 택한 자요 내 지시와 명령에 순종했으니, 내 종 다윗을 보아 내가 솔로몬이 살아 있는 동안에는 그와 함께할 것이다. 그러나 그 후에는 그의 아들의 손에서 나라를 빼앗아 너에게 열 지파를 넘겨줄 것이다. 한 지파는 그의 아들에게 남겨 주어, 내가 내 이름을 기념하기 위해 택한 성 예루살렘에 내 종 다윗에게 한 약속의 증거를 보존할 것이다.

37-39 그러나 내가 너를 내 손안에 두었다. 너는 마음껏 다스려라! 네가 이스라엘의 왕이 될 것이다. 네가 나의 말에 귀를 기울이고, 내가 보여주는 길을 따라 살고, 내 종 다윗이 한 것처럼 내 지시에 따르고 명령에 순종하여 나를 기쁘게 하면, 어떠한 일이 있어도 내가 너와 함께 있을 것이다. 다윗에게 한 것같이 너에게도 견고한 나라를 지어 줄 것이다. 이스라엘이 네 것이 될 것이다! 내가 다윗의 자손에게 고통과 괴로움을 내리겠지만, 그 시련이 영원히 계속되지는 않

을 것이다.'"

⁴⁰ 솔로몬이 여로보암을 암살하라고 명령하자, 여로보암은 이집트 왕 시삭에게로 도망가서 숨었다. 그는 솔로몬이 죽을 때까지 거기서 망명생활을 했다.

⁴¹⁻⁴³ 솔로몬의 나머지 생애와 통치, 그가 행한 모든 일과 지혜는 '솔로몬 연대기'에서 읽을 수 있다. 솔로몬은 예루살렘에서 사십 년 동안 온 이스라엘을 다스렸다. 그는 죽어서 아버지 다윗의 성에 묻혔다. 그의 아들 르호보암이 뒤를 이어 왕이 되었다.

북쪽 지파들의 반항

12

¹⁻² 르호보암은 세겜으로 갔다. 온 이스라엘이 그를 왕으로 세우려고 그곳에 모여 있었다. 당시 솔로몬을 피해 이집트에 숨어 있던 여로보암은, 솔로몬이 죽었다는 소식을 듣고 돌아왔다.

³⁻⁴ 르호보암이 여로보암과 온 백성을 소집했다. 그들이 르호보암에게 말했다. "왕의 아버지께서 등골이 휘도록 우리에게 일을 시켜 삶이 아주 고달팠습니다. 이제 좀 쉽게 해주시고 우리의 짐을 가볍게 해주시면, 우리가 기꺼이 왕을 섬기겠습니다."

⁵ 르호보암이 말했다. "생각할 시간이 필요하니 사흘 후에 다시 오시오."

⁶ 르호보암 왕은 그의 아버지가 살아 있을 때 조언을 구했던

원로들과 의논했다. "그대들의 생각은 어떠하오? 내가 백성에게 뭐라고 답하면 좋겠소?"

7 그들이 말했다. "왕께서는 이 백성의 종이 되셔서 그들의 필요를 잘 헤아리고 긍휼을 베푸시며 원만히 일을 해결해 나가십시오. 그러면 결국 백성이 왕을 위해 무슨 일이든 할 것입니다."

8-9 그러나 그는 원로들의 조언을 물리치고, 그와 함께 자라서 지금은 왕의 비위만 맞추려 드는 젊은 신하들에게 물었다. "그대들 생각은 어떻소? '왕의 아버지처럼 혹독하게 하지 말고 좀 쉽게 해주십시오. 우리의 짐을 가볍게 해주십시오' 하고 말하는 이 백성에게 내가 뭐라고 해야 되겠소?"

10-11 왕과 함께 자란 철없는 젊은이들이 말했다. "'왕의 아버지께서 우리에게 너무 심하게 하셨으니, 짐을 가볍게 해주십시오' 하고 불평하는 이 백성에게 이렇게 말씀하십시오. '내 새끼손가락이 내 아버지의 허리보다 굵다. 내 아버지의 다스림이 고달팠다고 여긴다면, 너희는 아직 고달픔의 맛을 제대로 보지 못한 것이다. 내 아버지는 너희를 채찍으로 때렸지만, 나는 너희가 피투성이가 될 때까지 사슬로 칠 것이다!'"

12-14 르호보암이 백성을 향해 "생각할 시간이 필요하니 사흘 후에 다시 오시오" 하고 지시한 대로, 사흘 후에 여로보암과 백성이 나타났다. 왕의 대답은 가혹하고 거칠었다. 그는 원로들의 조언을 무시하고 젊은이들의 제안을 따랐다. "내 아버지의 다스림이 고달팠다고 여긴다면, 너희는 아직 고달픔

의 맛을 제대로 보지 못한 것이다. 내 아버지는 너희를 채찍
으로 때렸지만, 나는 너희가 피투성이가 될 때까지 사슬로
칠 것이다!"

15 르호보암은 백성의 말에 귀를 막았다. **하나님**께서 이 모
든 일의 배후에 계셨고, 이로써 실로 사람 아히야를 통해 느
밧의 아들 여로보암에게 주신 메시지를 확증하셨다.

16-17 온 이스라엘은 왕이 그들의 말을 한 마디도 듣지 않은
것을 알고, 왕에게 맞서서 말했다.

  꺼져 버려라, 다윗!
  이새의 아들아, 우리는 이제 너한테 질렸다!
  이스라엘아, 어서 여기서 떠나자!
  다윗, 이제 더 이상 우리 일에 참견하지 마라.

그런 다음, 백성이 떠나갔다. 그러나 르호보암은 유다 성읍
들에 사는 사람들을 계속 다스렸다.

18-19 그 후에 르호보암 왕이 노역 책임자인 아도니람을 보내
자, 이스라엘 백성이 모여서 그를 돌로 쳐죽였다. 르호보암
왕은 재빨리 전차에 뛰어올라 예루살렘으로 도망쳤다. 그때
부터 오늘까지 이스라엘은 다윗 왕조에 계속 대항했다.

이스라엘 왕 여로보암

20 여로보암이 돌아왔다는 말이 나돌자, 백성이 모여 그를 불러 온 이스라엘의 왕으로 삼았다. 오직 유다 지파만이 다윗 왕가에 남았다.

21 예루살렘으로 돌아온 르호보암은 유다와 베냐민 지파 사람들을 소집하고 정예군 180,000명을 동원했다. 그는 이스라엘과 전쟁을 벌여 솔로몬의 아들 르호보암의 나라를 되찾으려고 했다.

22-24 그때 하나님의 말씀이 하나님의 사람 스마야에게 임했다. "솔로몬의 아들 유다 왕 르호보암과 유다와 베냐민의 모든 사람과 그 밖에 남은 자들에게 전하여라. '이것은 하나님의 말씀이다. 너희는 진군하지 마라. 너희 형제 이스라엘 자손과 싸우지 마라. 너희는 한 사람도 남김없이 다 집으로 돌아가거라. 이 모든 것이 나의 뜻이다.'" 그들은 하나님께서 말씀하신 대로 집으로 돌아갔다.

여로보암이 하나님에게서 돌아서다

25 여로보암은 에브라임 산지에 있는 세겜에 성을 짓고, 그곳을 본거지로 삼았다. 그는 브누엘에도 성을 지었다.

26-27 그러나 여로보암은 이런 생각이 들었다. "머지않아 나라가 다시 다윗 밑으로 통일될 것이다. 이 백성이 예루살렘에 있는 하나님의 성전에서 다시 예배 드리기 시작하면, 그 즉시 유다 왕 르호보암을 자신들의 통치자로 생각할 것이

다. 그렇게 되면 그들은 나를 죽이고 르호보암 왕에게 돌아 갈 것이다."

28-30 그래서 왕은 계획을 꾸몄다. 그는 금송아지 두 개를 만 들고 이렇게 공포했다. "예루살렘에 가서 예배를 드리려니 여러분의 고생이 너무 큽니다. 이것을 보십시오. 여러분을 이집트에서 이끌어 낸 신입니다!" 그는 송아지 하나는 베델 에 두고, 다른 하나는 단에 두었다. 이것은 너무도 명백한 죄였다. 사람들이 단까지 가서 송아지를 숭배했다!

31-33 일은 거기서 끝나지 않았다. 여로보암은 사방에 금지된 산당들을 짓고, 제사장직에 적합한 사람이든 아니든 상관없 이 아무나 닥치는 대로 제사장으로 세웠다. 또한 그는 유다 의 절기를 대신할 거룩한 신년 절기를 새로 만들어 여덟째 달 십오일에 지키게 했고, 직접 베델 제단에서 예배하며 자 신이 그곳에 세워 둔 송아지 앞에 제물을 바쳤다. 그는 자신 이 지은 지역 산당들의 제사장들을 베델의 제사장으로 세웠 다. 이것은 유다의 절기에 맞서기 위해 그가 생각해 낸 것이 었다. 여로보암은 이스라엘만을 위한 이 절기를 능숙하게 치러 냈고, 제단 예배도 자신이 직접 인도했다.

13

1-3 그 후에 이런 일이 있었다. 여로보암이 제단 에서 제사를 드리려는데, 유다에서 **하나님**의 명 령을 받고 온 거룩한 사람이 제단을 향해 선포했다(이것은

하나님의 명령이었다). "제단아, 제단아! 하나님의 메시지다! '다윗 집안에 요시야라는 아들이 태어날 것이다. 그가 네 위에 제사 드리고 있는 산당 제사장들을 네 위에서 제물로 바칠 것이다! 사람의 뼈가 네 위에서 불타오를 것이다!'" 동시에 그는 표징을 공포했다. "이것은 하나님께서 주시는 증거다. 제단이 산산조각으로 갈라져 거룩한 제물이 땅에 쏟아질 것이다."

4-5 왕은 거룩한 사람이 베델 제단을 향해 외치는 메시지를 듣고, 그를 잡으려고 팔을 뻗으며 소리쳤다. "저 자를 잡아라!" 그러자 왕의 팔이 마비되어 쓸 수 없게 되었다. 동시에 제단이 갈라지면서 거룩한 제물이 모두 땅에 쏟아졌다. 거룩한 사람이 하나님의 명령을 받아 공포했던 표징이 그대로 이루어졌다.

6 왕은 거룩한 사람에게 간청했다. "도와주시오! 당신의 하나님께 기도하여 내 팔을 낫게 해주시오." 거룩한 사람이 그를 위해 기도하자 왕의 팔이 나아 새것처럼 되었다!

7 그러자 왕은 거룩한 사람을 초대했다. "나와 함께 식사합시다. 당신에게 줄 선물이 있소."

8-10 거룩한 사람이 왕에게 말했다. "왕께서 내게 아무리 큰 돈을 준다고 해도, 나는 이곳에서 왕과 함께 앉아 식사하지 않을 것입니다. 나는 하나님의 명령을 받아 이곳에 왔습니다. 그분께서 명령하시기를, '빵 한 조각도 먹지 말고, 물 한 모금도 마시지 말고, 네가 왔던 길로 돌아가지도 말라'고 하

셨습니다." 그러고서 그는 베델로 올 때 걸어왔던 길이 아닌 다른 길로 떠났다.

11 베델에 한 늙은 예언자가 살고 있었다. 그의 아들들이 와서 그날 거룩한 사람이 베델에서 한 일을 아버지에게 이야기하며, 거기서 일어난 모든 일과 거룩한 사람이 왕에게 한 말을 전했다.

12 아버지가 말했다. "그 사람이 어느 쪽으로 갔느냐?" 아들들은 유다에서 온 거룩한 사람이 간 길을 가리켜 보였다.

13-14 그가 아들들에게 말했다. "내 나귀에 안장을 얹어 다오." 그들이 안장을 얹자, 그는 나귀를 타고 거룩한 사람을 쫓아갔다. 그는 상수리나무 아래 앉아 있는 거룩한 사람을 만났다.

노인이 그에게 물었다. "당신이 유다에서 온 거룩한 사람이오?"

"그렇습니다." 그가 대답했다.

15 "나와 같이 우리 집으로 가서 식사합시다."

16-17 **"죄송하지만 그럴 수 없습니다."** 거룩한 사람이 말했다. "나는 어르신과 함께 돌아갈 수도 없고 이 땅에서 어르신과 함께 먹을 수도 없습니다. 하나님께서 내게 엄히 명령하시기를, '빵 한 조각도 먹지 말고, 물 한 모금도 마시지 말고, 네가 왔던 길로 돌아가지도 말라'고 하셨습니다."

18-19 그러자 노인이 말했다. "나도 당신처럼 예언자요. 천사가 내게 와서 '그 사람을 네 집으로 데리고 가서 식사를 잘

차려 주어라!' 하고 **하나님**의 메시지를 전해 주었소." 하지
만 노인은 거짓말을 하고 있었다. 거룩한 사람은 그와 함께
집으로 가서 식사를 했다.

20-22 그들이 함께 식탁에 앉아 있는데, 거룩한 사람을 데려
온 예언자에게 **하나님**의 말씀이 임했다. 그는 유다에서 온
거룩한 사람의 잘못을 지적했다. "당신에게 주는 **하나님**의
말씀이오. '너는 **하나님**의 명령에 불순종했고, 네 **하나님**의
엄한 명령을 지키지 않았다. 너는 **하나님**이 빵 한 조각도 먹
지 말고, 물 한 모금도 마시지 말라고 한 바로 그곳에 앉아
음식을 배불리 먹었다. 그러니 너는 길에서 죽을 것이고 네
조상의 묘에 묻히지 못할 것이다.'"

23-25 식사가 끝나자, 그를 데려온 예언자가 그를 위해 자기
나귀에 안장을 얹어 주었다. 길을 떠나가는데, 사자가 나타
나 그를 죽였다. 그의 시체가 길 위에 널브러졌고 한쪽에는
사자가 다른 한쪽에는 나귀가 서 있었다. 길 가던 사람들이
길에 널브러진 주검과 그 곁을 지키고 선 사자를 보았다. 그
들은 늙은 예언자가 살고 있는 마을로 가서 자기들이 본 것
을 말했다.

26 그를 곁길로 가게 만든 예언자가 그 말을 듣고 말했다.
"그는 **하나님**의 엄한 명령에 불순종한 거룩한 사람이다. 하
나님께서 그에게 말씀하신 대로, 그를 사자에게 넘겨주셔서
사자가 그를 찢어 죽이게 하신 것이다."

27-30 예언자는 아들들에게 말했다. "내 나귀에 안장을 얹어

다오." 그들이 안장을 얹자, 그는 곧 나귀를 타고 가서 길 위에 쓰러져 있는 주검과 그 옆에 서 있는 사자와 나귀를 찾아냈다. 사자는 주검에도 나귀에도 입을 대지 않았다. 늙은 예언자는 거룩한 사람의 주검을 나귀에 싣고 자기 성읍으로 돌아와 안장해 주었다. 그는 그 주검을 자기 무덤에 묻고 나서 애도하며 말했다. "형제여, 슬픈 날입니다!"

³¹⁻³² 장례식을 마치고 나서 예언자는 아들들에게 말했다. "내가 죽거든 거룩한 사람을 묻은 그 무덤에 묻어 다오. 내 뼈와 그의 뼈가 나란히 있게 해다오. 그가 하나님의 명령을 받아서 베델에 있는 제단과 사마리아 성읍들에 있는 모든 음란한 종교 산당들을 향해 전한 메시지가 그대로 이루어질 것이다."

여로보암의 악한 죄

³³⁻³⁴ 이 일이 있고 나서도 여로보암은 계속 악을 행하여, 금지된 산당의 제사장들을 마구잡이로 세웠다. 누구든지 원하기만 하면 한 지역 산당의 제사장이 될 수 있었다. 이것이 여로보암이 지은 가장 뿌리 깊은 죄였다. 그를 망하게 한 것도 그 죄였다.

❧

14

¹⁻³ 그 즈음에 여로보암의 아들 아비야가 병이 들었다. 여로보암이 아내에게 말했다. "이렇게 합

시다. 아무도 당신을 알아보지 못하게 변장을 하고 실로로
가시오. 내게 이 백성의 왕이 될 것이라고 말했던 예언자 아
히야가 거기 살고 있소. 빵 열 덩어리와 과자와 꿀 한 병을
가져가시오. 그를 찾아가면 우리 아들이 어찌될 것인지 말
해 줄 것이오."

4-5 여로보암의 아내는 그의 말대로 했다. 그녀는 곧장 실로
로 가서 아히야의 집에 이르렀다. 아히야는 이제 나이 들고
눈이 멀었으나, 하나님께서 이미 그에게 경고하셨다. "여로
보암의 아내가 병든 아들의 일로 네 의견을 들으려고 오는
중이다. 너는 그녀에게 이렇게 말하여라."

5-9 그녀가 변장한 차림으로 들어왔다. 아히야는 그녀가 문
간에 들어서는 소리를 듣고 말했다. "여로보암의 아내여,
어서 오십시오! 그런데 어찌하여 변장을 하셨습니까? 내가
흉한 소식을 전해야겠습니다. 내가 하나님 이스라엘의 하나
님께 직접 받은 이 메시지를 여로보암에게 전하십시오. '내
가 미천한 너를 일으켜 내 백성 이스라엘의 지도자로 세웠
다. 내가 다윗 집안의 손에서 나라를 빼앗아 너에게 주었건
만, 너는 내 종 다윗처럼 살지 않았다. 다윗은 내 명령대로
행하고 일편단심으로 살면서 나를 기쁘게 했다. 그러나 너
는 이방 신들, 거짓 신들을 만들어 그 누구보다 악한 일을
행했다! 나를 거부하고 내게 등을 돌려, 나를 불같이 진노하
게 만들었다.

10-11 나는 이 일을 그냥 넘어가지 않을 것이다. 여로보암 집

안에 재앙을 내려 그 집안의 모든 남자를, 종이나 자유인이
나 가리지 않고 이스라엘에서 다 죽일 것이다. 그들은 쓰레
기에 지나지 않게 되었으니 내가 깨끗이 없애 버릴 것이다.
성읍 안에서 죽는 자들은 떠돌이 개들의 먹이가 되고, 들판
에서 죽는 자들은 썩은 고기를 먹는 까마귀들의 밥이 될 것
이다. **하나님의 말씀이다!**'

12-13 이것이 전부입니다. 집으로 돌아가십시오. 당신이 성
읍에 발을 들여놓는 순간, 당신의 아들이 죽을 것입니다. 모
든 사람이 장례식에 와서 그의 죽음을 애도할 것입니다. 여
로보암의 가문에서 제대로 장사될 사람은 그 하나뿐입니다.
하나님 이스라엘의 하나님께서 좋게 말씀하실 사람도 그 하
나뿐입니다.

14-16 그 후에 **하나님**께서 이스라엘에 한 왕을 세우실 텐데,
그가 여로보암의 가문을 완전히 없애 버릴 것입니다. 여로
보암의 운명의 날입니다! 폭풍이 갈대를 후려치듯이 하나
님께서 이스라엘을 세게 치실 것이고, 그들의 유업인 이 좋
은 땅에서 뿌리째 뽑아 사방으로 흩으실 것입니다. 왜 그러
시겠습니까? 그들이 아세라의 음란한 종교 산당들을 만들
어 **하나님**을 노엽게 했기 때문입니다. 이스라엘을 죄의 늪
으로 끌어들인 여로보암의 죄 때문에 그분이 이스라엘을 붙
들고 있던 손을 떼어 버리실 것입니다."

17-18 여로보암의 아내는 그곳을 떠나 디르사에 있는 집으로
돌아갔다. 그녀가 문간에 들어서는 순간, 아들이 죽었다. 그

들은 그를 장사 지냈고 모든 사람이 그의 죽음을 애도했다. **하나님**께서 그분의 종인 예언자 아히야를 통해 말씀하신 그 대로 되었다.

¹⁹⁻²⁰ 여로보암의 나머지 생애, 그가 치른 전쟁과 그가 통치한 방식은 '이스라엘 왕 연대기'에 기록되어 있다. 그는 이십이 년 동안 다스렸고, 죽어서 자기 조상과 함께 묻혔다. 그의 아들 나답이 뒤를 이어 왕이 되었다.

유다 왕 르호보암

²¹⁻²⁴ 솔로몬의 아들 르호보암은 유다의 왕이었다. 그는 마흔한 살에 왕위에 올라, **하나님**께서 그분의 이름을 예배하도록 이스라엘 모든 지파 가운데서 택하신 성 예루살렘에서 십칠 년 동안 다스렸다. 르호보암의 어머니는 암몬 사람 나아마다. 유다는 **하나님** 앞에서 공공연하게 악을 행했고 그분을 몹시 노엽게 했다. 그들은 조상보다 더 큰 죄를 저질렀다. 아세라의 음란한 종교 산당을 짓고 산 위나 나무 밑이나 눈 닿는 모든 곳마다 신성하게 여기는 돌을 세웠다. 뿐만 아니라 신전에 남창들까지 두어 나라를 더럽힐 대로 더럽혔다. 이 모든 것은 **하나님**께서 이스라엘을 그 땅에 들어오게 하실 때 제거하신 것들이었다.

²⁵⁻²⁸ 르호보암 왕이 다스린 지 오 년째 되던 해에, 이집트 왕 시삭이 예루살렘으로 쳐들어왔다. 그는 **하나님**의 성전과 왕궁의 보물을 약탈하고 솔로몬이 만든 금방패까지 몽땅

다 가져갔다. 르호보암 왕은 금방패 대신 청동방패를 만들
어 왕궁 경비대를 무장시켰다. 왕이 **하나님**의 성전에 갈 때
마다 경비대가 방패를 들고 갔다가 다시 경비대실에 가져다
놓곤 했다.

29-31 르호보암의 나머지 생애와 그의 언행은 '유다 왕 연대
기'에 모두 기록되어 있다. 르호보암과 여로보암 사이에는
전쟁이 끊이지 않았다. 르호보암은 죽어서 자기 조상과 함
께 다윗 성에 묻혔다. 그의 어머니는 암몬 사람 나아마다.
그의 아들 아비야가 뒤를 이어 왕이 되었다.

유다 왕 아비야

15 1-6 느밧의 아들 여로보암 왕 십팔년에, 아비야가
유다 왕위에 올랐다. 그는 예루살렘에서 삼 년
동안 다스렸다. 그의 어머니는 압살롬의 딸 마아가다. 그는
자기 아버지처럼 계속해서 죄를 지었다. 증조할아버지 다윗
과 달리 **하나님**께 신실하지 못했다. 그럼에도 **하나님**께서는
다윗을 생각하여 자비를 베푸시고 그에게 한 등불, 곧 그의
뒤를 이어 예루살렘을 안전하게 지킬 아들을 주셨다. 다윗
이 평생 **하나님** 앞에서 본이 되는 삶을 살았고, (헷 사람 우
리아 사건 말고는) **하나님**의 명백한 지시를 의도적으로 거역
하고 자기 뜻대로 행하지 않았기 때문이다. 그러나 아비야
와 여로보암 사이에는 전쟁이 끊이지 않았다.

7-8 아비야의 나머지 생애와 그가 행한 모든 일은 '유다 왕

연대기'에 기록되어 있는데, 여로보암과의 전쟁이 주를 이
룬다. 아비야는 죽어서 자기 조상과 함께 다윗 성에 묻혔다.
그의 아들 아사가 뒤를 이어 왕이 되었다.

유다 왕 아사

9-10 이스라엘의 여로보암 왕 이십년에, 아사가 유다의 왕이
되었다. 그는 예루살렘에서 사십일 년 동안 다스렸다. 그의
할머니는 마아가다.

11-15 아사는 조상 다윗의 행실을 되살려, **하나님** 앞에서 바
르게 행했다. 신전의 남창들을 없애고 선왕들이 만든 우상
들을 모두 내다 버리는 등 온 나라를 깨끗이 했다. 아사는
그 무엇이나 그 누구도 봐주지 않았다. 그의 할머니 마아가
가 창녀 여신 아세라를 위해 지독하게 음란한 기념물을 만
들게 하자, 그녀를 대비의 자리에서 폐위시켰다. 아사는 그
기념물을 허물어 기드론 골짜기에서 불태워 버렸다. 아쉽게
도 지역의 음란한 종교 산당들은 그대로 두었지만, 그는 선
한 뜻과 바른 마음으로 **하나님**께 집중했다. 그는 자신과 아
버지가 거룩하게 구별하여 바친 모든 금은 그릇과 기구를
성전에 두었다.

16-17 그러나 아사가 다스리는 동안, 아사와 이스라엘 왕 바아
사 사이에는 전쟁이 끊이지 않았다. 이스라엘 왕 바아사는 라
마에 요새를 짓고 이스라엘과 유다 사이의 국경을 폐쇄하여
아무도 유다에 드나들지 못하게 함으로써 전쟁을 시작했다.

¹⁸⁻¹⁹ 아사는 **하나님**의 성전과 왕궁의 보물 보관소에 남아 있던 은과 금을 다 꺼내어, 다마스쿠스에서 다스리던 아람 왕 헤시온의 손자요 다브림몬의 아들인 벤하닷에게 보내며 메시지를 전했다. "나의 아버지와 당신의 아버지가 조약을 맺은 것처럼 우리도 조약을 맺읍시다. 내가 이 은금 예물로 성의를 표하니, 부디 이스라엘 왕 바아사와 맺은 조약을 깨뜨려 그가 더 이상 나와 싸우지 못하게 해주십시오."

²⁰⁻²¹ 벤하닷은 아사 왕과 뜻을 같이하여 이스라엘 성읍들로 군대를 보냈다. 그는 이욘과 단과 아벨벳마아가와 납달리를 포함한 긴네렛 전역을 공격했다. 이 보고를 받은 바아사는 라마에 요새를 짓던 일을 멈추고 디르사로 돌아갔다.

²² 그러자 아사 왕은 모든 유다 사람에게—한 명도 예외 없이—명령하여 바아사가 라마 요새를 건축할 때 쓰던 목재와 석재를 실어오게 했고, 그것으로 베냐민 땅 게바와 미스바에 요새를 건축했다.

²³⁻²⁴ 아사의 생애에 대한 자세한 기록, 그가 행한 모든 훌륭한 일과 건축한 요새들은 '유다 왕 연대기'에 남아 있다. 노년에 그는 팔다리의 심한 염증으로 고생했다. 그 후에 아사는 죽어서 자기 조상과 함께 다윗 성에 묻혔다. 그의 아들 여호사밧이 뒤를 이어 왕이 되었다.

이스라엘 왕 나답

²⁵⁻²⁶ 유다의 아사 왕 이년에, 여로보암의 아들 나답이 이스

라엘의 왕이 되었다. 그는 이 년 동안 이스라엘을 다스렸다. 그는 **하나님** 앞에서 공공연하게 악을 행했고, 자기뿐 아니라 이스라엘도 죄를 짓게 한 자기 아버지의 뒤를 따랐다.

27-28 나답과 이스라엘 백성이 블레셋 성읍 깁브돈을 치는 동안, 잇사갈 지파 아히야의 아들 바아사가 무리를 모아 그를 공격했다. 바아사는 유다의 아사 왕 삼년에 나답을 죽이고 이스라엘의 다음 왕이 되었다.

29-30 왕이 되자마자 바아사는 여로보암 가문을 모두 죽였다. 여로보암의 이름을 가진 자 가운데 살아남은 사람은 하나도 없었다. 바아사는 그들을 완전히 없애 버렸는데, **하나님**의 종 실로 사람 아히야가 예언한 대로 되었다. 그것은 여로보암이 지은 죄에 대한 대가이자, 그가 이스라엘로 죄를 짓게 하여 이스라엘의 **하나님**을 몹시 노하게 한 벌이었다.

31-32 나답의 나머지 생애, 그가 행한 모든 일은 '이스라엘 왕 연대기'에 기록되어 있다. 아사와 이스라엘 왕 바아사 사이에는 전쟁이 끊이지 않았다.

이스라엘 왕 바아사

33-34 유다의 아사 왕 삼년에, 아히야의 아들 바아사가 온 이스라엘의 왕이 되어, 디르사에서 이십사 년 동안 다스렸다. 그는 **하나님** 앞에서 공공연히 악을 행했고, 자기뿐 아니라 이스라엘도 죄를 짓게 한 여로보암의 뒤를 따랐다.

16

¹⁻⁴ 바아사를 향한 **하나님**의 말씀이 하나니의 아들 예후에게 임했다. "내가 아무것도 아닌 너, 보잘것없는 너를 들어 내 백성 이스라엘의 지도자로 세웠건만, 너는 여로보암이 걸어간 길을 그대로 밟아 내 백성 이스라엘로 하여금 죄를 짓게 하고 그로 인해 나를 진노하게 했다. 이제 내가 바아사와 그 정권을 불태워 버리겠다. 느밧의 아들 여로보암과 같은 운명을 맞게 하겠다. 바아사의 백성 가운데 성읍 안에서 죽는 자들은 쓰레기나 뒤지는 개들의 먹이가 될 것이고, 들판에서 죽는 자들은 썩은 고기를 먹는 까마귀들의 밥이 될 것이다."

⁵⁻⁶ 바아사의 나머지 생애, 그 정권에 관한 기록은 '이스라엘 왕 연대기'에 남아 있다. 바아사는 죽어서 자기 조상과 함께 디르사에 묻혔다. 그의 아들 엘라가 뒤를 이어 왕이 되었다. ⁷ 이것이 바아사에게 일어난 일이다. 하나니의 아들 예언자 예후를 통해 **하나님**의 말씀이 그와 그 정권에 임한 것은, 그의 삶이 **하나님** 앞에서 공공연하게 악을 행했고 **하나님**을 몹시 노하게 했기 때문이다. **하나님**께서 여로보암을 망하게 하셨는데도, 바아사는 여로보암을 그대로 따랐다.

이스라엘 왕 엘라

⁸⁻¹⁰ 유다의 아사 왕 이십육년에, 바아사의 아들 엘라가 이스라엘의 왕이 되어 디르사에서 이 년 동안 다스렸다. 하루는 그가 왕궁 관리인 아르사의 집에서 취하도록 술을 마시고

있는데, 그의 전차 병력 절반을 통솔하는 지휘관 시므리가
엘라에 반역하여 음모를 꾸몄다. 시므리는 몰래 들어가 엘
라를 때려눕혀 죽였다. 유다의 아사 왕 이십칠년에 일어난
일이다. 시므리가 이어서 왕이 되었다.

11-13 시므리는 왕이 되자마자 바아사와 관련된 모든 자를 죽
였다. 떠돌이 개들을 처리하듯, 친척이나 친구 가리지 않고
모조리 없앴다. 예언자 예후가 전한 **하나님**의 말씀대로, 시
므리는 바아사 가문을 완전히 없애 버렸다. 이것은 바아사
와 그의 아들 엘라가 지은 죄의 대가였는데, 자신들뿐 아니
라 이스라엘까지 죄로 끌어들이고 미련한 우상들로 이스라
엘의 **하나님**을 노하게 한 대가였다.

14 엘라의 나머지 생애, 그의 언행은 '이스라엘 왕 연대기'에
기록되어 있다.

이스라엘 왕 시므리

15-19 유다의 아사 왕 이십칠년에, 시므리는 디르사에서 칠
일 동안 다스렸다. 그때 이스라엘 군대는 블레셋의 성읍인
깁브돈 근처에서 훈련중이었다. "시므리가 왕에 맞서 음모
를 꾸며 왕을 죽였다"는 보고를 접한 이스라엘 군대는 바로
그곳 진에서 군사령관 오므리를 왕으로 세웠다. 오므리와
군대는 곧바로 깁브돈을 떠나 디르사를 공격했다. 시므리는
자신이 포위되어 죽은 목숨이나 다름없게 된 것을 알고, 왕
궁 성채에 들어가 불을 지르고 죽었다. 그의 죄에 걸맞은 죽

음이었다. 그는 **하나님** 보시기에 지극히 악하게 살았고, 여로보암의 뒤를 따라 죄를 지었을 뿐 아니라 이스라엘까지 죄로 끌어들였다.

20 시므리의 나머지 생애, 그의 악명 높은 반역과 음모는 '이스라엘 왕 연대기'에 모두 기록되어 있다.

이스라엘 왕 오므리

21-22 그 후에 이스라엘 백성은 두 패로 갈라져, 절반은 기낫의 아들 디브니를 왕으로 지지했고 절반은 오므리를 원했다. 결국 오므리 편이 디브니 편보다 강하여, 디브니는 죽고 오므리가 왕이 되었다.

23-24 유다의 아사 왕 삼십일년에 오므리가 이스라엘의 왕이 되어 십이 년 동안 다스렸는데, 처음 육 년은 디르사에서 다스렸다. 그러다가 그는 은 68킬로그램을 주고 세멜에게서 사마리아 산을 샀다. 그는 그 산을 개발하여 도성을 지었는데, 원래 주인 세멜의 이름을 따서 사마리아라고 불렀다.

25-26 그러나 **하나님**의 일에 관해서는 악하게 살았는데, 이전의 누구보다도 악했다. 그는 느밧의 아들 여로보암의 뒤를 따랐다. 자기뿐 아니라 이스라엘까지 죄로 끌어들여 **하나님**을 진노케 했는데, 그야말로 이성과 감정이 모두 마비된 인생이었다!

27-28 오므리의 나머지 생애와 행적은 '이스라엘 왕 연대기'에 기록되어 있다. 오므리는 죽어서 사마리아에 묻혔다. 그의

아들 아합이 뒤를 이어 왕이 되었다.

이스라엘 왕 아합

29-33 유다의 아사 왕 삼십팔년에, 오므리의 아들 아합이 이스라엘의 왕이 되어 사마리아에서 이십이 년 동안 다스렸다. 오므리의 아들 아합은 이전의 어떤 왕보다도 더 공공연하게 **하나님** 앞에서 악한 일을 저질렀다! 그는 악행의 일인자였다! 느밧의 아들 여로보암의 죄를 반복하는 정도에서 멈추지 않았다. 그는 시돈 왕 엣바알의 딸 이세벨과 결혼했으며, 더 나아가 바알 신을 섬기고 예배했다. 사마리아에 바알을 위한 신전을 짓고 그 안에 바알의 제단을 두었다. 또한 창녀 여신 아세라의 산당까지 지었다. 그를 향한 **하나님**의 진노는 이스라엘의 선왕들을 모두 합한 것보다도 더 컸다.

34 베델 사람 히엘이 여리고 성을 다시 쌓았다가 끔찍한 대가를 치른 일도 아합이 다스릴 때 일어났다. 그는 성의 기초를 놓으면서 맏아들 아비람을 제물로 바쳤고, 성문을 세울 때는 막내아들 스굽을 제물로 바쳤다. 이로써 눈의 아들 여호수아의 예언이 정확히 이루어졌다.

엘리야와 사르밧 과부

17 ¹ 그 후에 이런 일이 있었다. 길르앗에 살고 있던 디셉 사람 엘리야가 아합에게 맞섰다. "내가 순종하며 섬기는 **하나님** 이스라엘의 하나님께서 살아 계심을

두고 맹세합니다. 앞으로 여러 해 동안 심한 가뭄이 들 것입니다. 내가 다시 말할 때까지 이슬 한 점, 비 한 방울도 내리지 않을 것입니다."

2-4 그때 **하나님**께서 엘리야에게 말씀하셨다. "어서 이곳을 떠나 동쪽으로 가서 요단 강 건너편 그릿 골짜기에 숨어 있어라. 너는 맑은 시냇물을 마시면 된다. 내가 까마귀들에게 명령하여 너를 먹이겠다."

5-6 엘리야는 **하나님**의 명령에 순종했다. 그는 가서 요단 강 건너편 그릿 계곡에 머물렀다. 아니나 다를까, 까마귀들이 그에게 아침식사와 저녁식사를 모두 가져왔고, 그는 그 시냇물을 마셨다.

7-9 마침내 가뭄으로 시내가 바짝 말랐다. 그러자 **하나님**께서 그에게 말씀하셨다. "일어나 시돈 땅 사르밧으로 가서 그곳에 머물러라. 내가 그곳의 한 과부에게 지시하여 너를 먹이겠다."

10-11 그는 일어나 사르밧으로 갔다. 그가 마을 입구에 이르렀을 때 땔감을 줍고 있는 한 과부를 만났다. 그가 여인에게 물었다. "목이 마른데, 내게 물 한 그릇만 가져다주겠소?" 여자가 물을 가지러 가는데 그가 큰소리로 말했다. "기왕이면 먹을 것도 좀 가져다줄 수 있겠소?"

12 여인이 말했다. "당신의 **하나님**께서 참으로 살아 계심을 두고 맹세하는데, 내게는 한 조각의 빵도 없습니다. 통에 밀가루 한 움큼과 병에 기름이 조금 남아 있을 뿐입니다. 보시

는 것처럼, 나는 내 아들과 먹을 마지막 식사를 준비하기 위해 땔감을 주워 모으던 중이었습니다. 그 음식을 먹고 나서 우리는 죽을 작정입니다.”

13-14 엘리야가 여인에게 말했다. “아무것도 걱정하지 마시오. 어서 가서 방금 말한 대로 하시오. 그러나 먼저 나를 위해 작은 빵을 만들어 이리 가져다주시오. 그러고 나서 남은 것으로 그대와 아들을 위해 음식을 만드시오. 이스라엘의 **하나님**께서 ‘나 **하나님**이 이 땅에 비를 내려 가뭄을 끝낼 때까지, 그 밀가루 통이 바닥나지 않고 기름병이 마르지 않을 것이다’ 하고 말씀하셨소.”

15-16 여인은 곧바로 가서 엘리야가 시킨 대로 했다. 그랬더니 과연 그의 말대로 되었다. 여인과 그 가족에게 날마다 먹을 양식이 생긴 것이다. 밀가루 통은 바닥나지 않았고 기름병은 마르지 않았다. **하나님**의 약속이 엘리야가 전한 그대로 이루어졌다!

17 그 후에 여인의 아들이 병이 들었다. 아이의 병세는 갈수록 더 나빠져, 결국 숨을 거두고 말았다.

18 여인이 엘리야에게 말했다. “당신 같은 거룩한 사람이 무엇 때문에 이곳에 나타나서 내 죄를 드러내고 내 아들까지 죽게 하십니까?”

19-20 엘리야가 말했다. “아들을 이리 주시오.”

여인의 품에서 아이를 받은 그는, 자기가 머물고 있던 다락방으로 아이를 안고 올라가서 침대에 뉘었다. 그리고 기도

했다. "**하나님** 나의 하나님, 저에게 자기 집을 열어서 맞아
준 이 과부에게 어찌하여 이처럼 비참한 일을 허락하셨습니
까? 어찌하여 그 아들을 죽이셨습니까?"

21-23 그는 아이의 몸 위에 세 번 자신의 몸을 펴고 엎드려 힘
을 다해 기도했다. "**하나님** 나의 하나님, 이 아이의 숨이 다
시 돌아오게 해주십시오!" **하나님**께서 엘리야의 기도를 들
으시고 아이의 숨이 다시 돌아오게 하셨다. 아이가 살아난
것이다! 엘리야는 아이를 안고 다락방에서 아래층으로 내
려와 그 어머니에게 건네주면서 말했다. "보시오. 당신 아
들이 살아났습니다!"

24 여인이 엘리야에게 말했다. "이제야 당신이 거룩한 사람
인 것을 알겠습니다. 당신의 말씀은 참된 **하나님**의 말씀입
니다!"

엘리야와 바알 예언자들

18

1-2 많은 시간이 흘러, **하나님**의 말씀이 엘리야에
게 임했다. 가뭄은 삼 년째로 접어들고 있었다.
메시지는 이러했다. "가서, 아합을 만나거라. 내가 이 땅에
비를 내리겠다." 엘리야는 아합을 만나러 떠났다. 그때는
사마리아에 가뭄이 가장 심할 때였다.

3-4 아합이 왕궁을 관할하는 오바댜를 불렀다. 오바댜는 하
나님을 경외하는 경건한 사람이었다. 일찍이 이세벨이 하나
님의 예언자들을 다 죽여 없애려고 할 때, 오바댜는 예언자

백 명을 쉰 명씩 굴 속에 숨기고 음식과 물을 공급했다.

5-6 아합이 오바댜에게 명령했다. "이 땅을 두루 다니며 모든 샘과 개울을 살펴보시오. 우리의 말과 노새를 살릴 풀이 있나 봅시다." 그래서 그들은 그 땅을 둘로 나누어 아합은 한쪽 길로, 오바댜는 다른 쪽 길로 나섰다.

7 오바댜가 길을 가는데 갑자기 엘리야가 나타났다! 오바댜가 무릎을 꿇고 공손히 절하며 큰소리로 말했다. "참으로 내 주인 엘리야이십니까?"

8 엘리야가 대답했다. "그렇소. 내가 엘리야요. 이제 가서 그대의 주인에게 '내가 엘리야를 보았습니다' 하고 말하시오."

9-14 오바댜가 말했다. "내가 무슨 잘못을 했기에 이러십니까? 아합이 나를 죽일 것입니다. 당신의 **하나님**께서 살아 계심을 두고 맹세하는데, 내 주인이 당신을 찾으려고 사람을 보내지 않은 땅과 나라가 없습니다. 그들이 말하기를 '살살이 찾아보았지만 찾을 수 없었습니다' 하면, 내 주인은 당신을 찾지 못했다는 맹세를 그 땅과 나라로부터 받아 냈습니다. 그런데 이제 당신은 내게 '가서 그대의 주인에게 엘리야를 찾았다고 말하시오'라고 하십니다. 내가 길을 떠나자마자, **하나님**의 영이 당신을 아무도 모르는 곳으로 데려가실 것입니다. 내가 아합에게 보고할 때쯤이면 당신은 이곳에 없을 텐데, 그러면 아합은 나를 죽일 것입니다. 나는 어려서부터 경건하게 **하나님**을 섬겨 왔습니다! 이세벨이 **하나님**의 예언자들을 죽이려 할 때 내가 어떻게 했는지 듣지

못하셨습니까? 나는 목숨을 걸고 그들 백 명을 쉰 명씩 나누어 굴에 숨기고 어떻게든 음식과 물을 공급해 주었습니다. 그런데 이제 당신이 내게 말씀하기를, 내 주인에게 '엘리야를 찾았습니다' 하고 말하여 주의를 끌라고 하십니다. 내 주인은 틀림없이 나를 죽일 것입니다."

15 엘리야가 말했다. "내가 섬기는 만군의 **하나님**께서 살아 계심을 두고 맹세하는데, 오늘은 내가 아합을 대면하여 만날 것이오."

16 그래서 오바댜는 곧장 아합에게 가서 말했고, 아합은 엘리야를 만나러 나갔다.

17-19 아합은 엘리야를 보자마자 말을 건넸다. "그대가 우리를 괴롭히는 늙은이로군!"

엘리야가 말했다. "내가 이스라엘을 괴롭히는 것이 아닙니다. 이스라엘을 괴롭히는 사람은 바로 왕과 왕의 정부입니다. 왕께서는 **하나님**의 규례와 명령을 버리고 지역 신들인 바알들을 좇았습니다. 왕께 청할 일이 있습니다. 이스라엘의 모든 사람을 갈멜 산에 모아 주십시오. 이세벨이 특별히 아끼는 지역 신, 곧 바알의 예언자 사백오십 명과 창녀 여신 아세라의 예언자 사백 명도 반드시 그곳에 오게 해주십시오."

20 그래서 아합은 이스라엘의 모든 사람, 특히 바알과 아세라의 예언자들을 갈멜 산으로 불러 모았다.

21 엘리야가 백성에게 소리쳤다. "여러분은 언제까지 팔짱만 끼고 있을 셈입니까? **하나님**이 참 하나님이면 그분을 따

르고, 바알이 참 하나님이면 그를 따르십시오. 이제 여러분의 마음을 정하십시오!"

백성은 한 마디도 하지 않았다. 아무도 움직이지 않았다.

22-24 그러자 엘리야가 말했다. "이스라엘에 남은 **하나님**의 예언자는 나 하나뿐이고, 바알의 예언자는 사백오십 명이나 됩니다. 바알의 예언자들을 보내어 소 두 마리를 가져오게 하십시오. 그중 한 마리를 택하여 잡아서 제단 장작 위에 벌여 놓되 불은 붙이지 마십시오. 나는 나머지 소를 가져다가 각을 떠서 나무 위에 얹어 놓겠습니다. 그리고 역시 불은 붙이지 않겠습니다. 그 다음에 여러분은 여러분의 신들에게 기도하십시오. 나는 **하나님**께 기도하겠습니다. 불로 응답하는 신이 참 하나님으로 밝혀질 것입니다."

온 백성이 동의했다. "좋은 생각입니다. 그렇게 합시다!"

25 엘리야가 바알의 예언자들에게 말했다. "당신들의 수가 많으니 먼저 하시오. 당신들의 소를 골라서 준비하시오. 그리고 당신들 신에게 기도하되 불은 붙이지 마시오."

26 그들은 가져온 소를 제단에 차려 놓고 바알에게 기도했다. 오전 내내 "바알이여, 우리에게 응답해 주십시오!" 하고 기도했다. 그러나 아무 일도 일어나지 않았다. 속삭이는 바람소리조차 없었다. 다급해진 그들은 자신들이 만든 제단 위에서 쿵쿵 뛰며 발을 굴렀다.

27-28 정오에 이르러, 엘리야가 그들을 놀리며 조롱하기 시작했다. "더 크게 불러 보시오. 바알도 명색이 신이 아니오. 어

쩌면 어디 다른 곳에서 묵상중이거나 다른 일을 보고 있거
나 휴가중일지도 모르지 않소. 혹 늦잠을 자고 있다면 어서
깨워야 할 것 아니오?" 그들은 점점 더 큰소리로 기도하며
그들이 흔히 하는 의식에 따라 예리한 칼로 제 몸에 상처를
냈고, 마침내 온몸이 피투성이가 되었다.

²⁹ 정오가 한참 지나도록 그러기를 계속했다. 그들은 뭔가
해보려고 자신들이 알고 있는 모든 종교적 수단과 방법을
다 써 보았지만 아무 일도 일어나지 않았다. 가느다란 소리,
희미한 반응조차 없었다.

³⁰⁻³⁵ 그때 엘리야가 백성에게 말했다. "그만하면 됐소. 이제
내 차례요. 제단을 빙 둘러 모이시오." 그들이 모이자, 그는
무너진 제단을 다시 쌓아 올렸다. 엘리야는 **하나님**께서 전
에 "이제부터 네 이름은 이스라엘이다" 하신 야곱의 각 지
파별로 하나씩 돌 열두 개를 가져왔다. 그리고 그 돌들로 하
나님을 높이는 제단을 쌓았다. 이어서 그는 제단 둘레에 넓
은 도랑을 팠다. 제단 위에 장작을 펴고 각을 뜬 소를 그 위
에 얹어 놓은 뒤 말했다. "들통 네 개에 물을 담아 와서 소와
장작 위에 흠뻑 부으시오." 곧이어 그가 "그렇게 한 번 더 부
으시오" 하니, 그들은 그대로 했다. 그가 "다시 한번 더 부
으시오" 하니, 그들은 세 번째로 그렇게 했다. 제단은 흠뻑
젖었고 도랑에는 물이 흘러넘쳤다.

³⁶⁻³⁷ 제물을 바칠 때가 되자, 예언자 엘리야가 나아와 기도
했다. "**하나님**, 아브라함과 이삭과 이스라엘의 하나님, 주

께서 이스라엘의 하나님이시고 저는 주의 종이며, 제가 지금 하고 있는 이 일이 주님의 명령에 따른 것임을, 지금 이 순간 알려 주십시오. **하나님**, 제게 응답해 주십시오. 제게 응답하셔서, 주는 참 하나님이시며 이들에게 다시 회개할 기회를 주고 계시다는 것을 알려 주십시오."

38 그러자 그 즉시 **하나님**의 불이 내려와 제물과 장작, 돌, 흙을 다 태우고 도랑의 물까지 다 말려 버렸다.

39 온 백성이 그 일을 보고 얼굴을 땅에 대고 엎드렸다. 그들은 두려움에 사로잡혀 하나님께 절하며 외쳤다. "**하나님**은 참 하나님이시다! **하나님**만이 참 하나님이시다!"

40 엘리야가 그들에게 말했다. "바알의 예언자들을 잡으시오! 한 사람도 도망가게 해서는 안됩니다!"

백성이 그들을 잡았다. 엘리야가 그들을 기손 시내로 끌고 내려가게 하니, 백성이 그 무리를 모두 죽였다.

41 엘리야가 아합에게 말했다. "일어나십시오! 먹고 마시고 기뻐하십시오! 곧 비가 올 것입니다. 비가 오는 소리가 들립니다."

42-43 아합은 그의 말대로 일어나 먹고 마셨다. 그 사이, 엘리야는 갈멜 산 꼭대기에 올라가서 얼굴을 무릎 사이에 묻고 엎드려 기도했다. 그러다가 그의 젊은 종에게 말했다. "어서 일어나 바다 쪽을 살펴보아라."

종이 가서 보고, 돌아와서 그에게 보고했다. "아무것도 보이지 않습니다."

"계속 살펴보아라. 필요하다면 일곱 번이라도 가 보아라."
엘리야가 말했다.

44 아니나 다를까, 일곱 번째에 종이 말했다. "구름이 보입니다! 하지만 아주 작습니다. 겨우 사람 손만한 구름이 바다에서 일어나고 있습니다."

"그렇다면 왕께 서둘러 가서, '비가 와서 길이 막히기 전에 안장을 지우고 산을 내려가십시오' 하고 말하여라."

45-46 순식간에 바람이 일고 구름이 몰려와 하늘이 캄캄해지더니, 곧 비가 억수같이 쏟아졌다. 아합은 전차를 타고 이스르엘로 서둘러 달렸다. 그리고 하나님께서 엘리야에게 엄청난 능력을 주셨다. 엘리야는 겉옷을 말아 올려 허리에 묶고서, 이스르엘에 도착할 때까지 아합의 전차 앞에서 달렸다.

19

1-2 아합은 엘리야가 한 일을, 예언자들이 살육당한 일까지 모두 이세벨에게 알렸다. 이세벨은 즉시 엘리야에게 전령을 보내 위협했다. "신들이 이번 일로 너를 응징하고 나도 네게 되갚아 주겠다! 내일 이맘때까지 너도 그 예언자들의 하나처럼 반드시 죽을 것이다."

3-5 사태가 심각하게 돌아가는 것을 보고, 엘리야는 유다 남쪽 끝 브엘세바로 필사적으로 달아났다. 그는 젊은 종을 그곳에 남겨 두고 사막으로 하룻길을 더 들어갔다. 외그루 로뎀나무에 이르러, 그는 그 그늘 아래 쓰러졌다. 모든 것을

끝내고 싶은 마음밖에 없었다. 그저 죽고 싶은 마음뿐이었
다. "**하나님**, 이만하면 됐습니다! 저를 죽여 주십시오. 저는
제 조상들과 함께 무덤에 들어갈 준비가 되었습니다!" 그는
기진맥진하여, 외그루 로템나무 아래서 잠이 들었다.

갑자기 천사가 그를 흔들어 깨우며 말했다. "일어나서 먹어라!"
⁶ 그가 둘러보니, 놀랍게도 바로 머리맡에 숯불에 구운 빵
한 덩이와 물 한 병이 있었다. 그는 식사를 한 뒤에 다시 잠
이 들었다.

⁷ **하나님**의 천사가 다시 와서, 그를 흔들어 깨우며 말했다.
"일어나 좀 더 먹어라. 갈 길이 멀다."

⁸⁻⁹ 그는 일어나서, 실컷 먹고 마신 후에 길을 떠났다. 그는
음식을 먹고 힘을 얻어, 하나님의 산 호렙까지 밤낮으로 사
십 일을 걸었다. 그는 그곳에 이르러, 어느 굴 속으로 들어
가 잠이 들었다.

그때 **하나님**의 말씀이 그에게 임했다. "엘리야야, 여기서
무엇을 하고 있느냐?"

¹⁰ 엘리야가 말했다. "저는 마음을 다해 만군의 **하나님**을 섬
겨 왔습니다. 그러나 이스라엘 백성은 주님의 언약을 버린
채, 예배 처소를 부수고 주님의 예언자들을 죽였습니다. 저
만 홀로 남았는데, 이제 그들이 저마저 죽이려고 합니다."

¹¹⁻¹² 그러자 **하나님**의 말씀이 다시 들려왔다. "나 **하나님**이
지나갈 것이니, 너는 가서, 산 위에서, **하나님** 앞에 주의하
여 서 있어라."

거센 폭풍이 산들을 가르고 바위들을 부수었으나, **하나님**은 그 바람 속에 계시지 않았다. 바람이 지나가고 지진이 일었으나, **하나님**은 그 지진 속에 계시지 않았다. 지진이 지나가고 불이 일었으나, **하나님**은 그 불 속에 계시지 않았다. 불이 지나간 뒤에, 부드럽고 고요한 속삭임이 들려왔다.

13-14 고요한 음성을 들은 엘리야는, 큰 겉옷으로 얼굴을 덮고 굴 입구로 가서 섰다. 고요한 음성이 물었다. "엘리야야, 말해 보아라. 네가 여기서 무엇을 하고 있느냐?" 엘리야가 다시 말했다. "저는 마음을 다해 **하나님** 만군의 **하나님**을 섬겨 왔습니다. 그러나 이스라엘 백성은 주님의 언약을 버린 채, 주님의 예배 처소를 부수고, 주님의 예언자들을 죽였습니다. 저만 홀로 남았는데, 이제 그들이 저마저 죽이려고 합니다."

15-18 **하나님**께서 말씀하셨다. "사막을 지나 네가 온 길로 돌아가서 다마스쿠스로 가거라. 거기에 이르거든 하사엘에게 기름을 부어 아람 왕으로 세워라. 그리고 님시의 아들 예후에게 기름을 부어 이스라엘 왕으로 세워라. 마지막으로, 아벨므홀라 출신 사밧의 아들 엘리사에게 기름을 부어 네 뒤를 이을 예언자가 되게 하여라. 누구든지 하사엘에게 죽음을 면하는 자는 예후에게 죽을 것이고, 예후에게 죽음을 면하는 자는 엘리사에게 죽을 것이다. 그러나 나는 칠천 명을 남겨 놓을 텐데, 그들은 바알 신에게 무릎 꿇지 않고 그 신상에 입 맞추지 않은 자들이다."

엘리야가 엘리사를 부르다

¹⁹ 바로 그곳을 떠난 엘리야는 밭에서 사밧의 아들 엘리사를 만났다. 거기에는 멍에를 메고 밭을 가는 소 열두 쌍이 있었는데, 엘리사는 열두 번째 쌍을 맡고 있었다. 엘리야가 엘리사 곁으로 다가가 자신의 겉옷을 그에게 던져 주었다.

²⁰ 그러자 엘리사는 소를 버려두고 엘리야에게 달려가 말했다. "부탁입니다! 제 아버지와 어머니께 작별 인사를 하게 해주십시오. 그 후에 당신을 따르겠습니다."

"그렇게 하여라." 엘리야가 말했다. "하지만 방금 내가 네게 한 일을 잊지 마라."

²¹ 엘리사가 떠났다. 그는 자기 소 한 쌍을 끌고 가서 잡고, 쟁기와 기구로 불을 피워 고기를 삶았다. 이별할 가족을 위해 정성껏 준비한 식사였다. 그 후에 엘리사는 엘리야를 따라가서, 그의 오른팔이 되었다.

20

¹⁻³ 그 즈음에 아람 왕 벤하닷이 그의 군대를 소집했다. 그는 추가로 지방 영주 서른두 명을 보강했는데, 모두 말과 전차를 갖추고 있었다. 그는 군대를 이끌고 나가, 당장이라도 전쟁을 벌일 태세로 사마리아를 포위했다. 그리고 성 안으로 사절을 보내어 이스라엘 왕 아합 앞에 조건을 제시했다. "그대의 은과 금, 그대의 아내와 아들들 중에서 뛰어난 자들을 나 벤하닷의 것으로 삼는다."

⁴ 이스라엘 왕은 조건을 받아들였다. "고매하신 왕이시여, 말씀하신 대로 저와 제게 있는 모든 것이 왕의 것입니다."

⁵⁻⁶ 그런데 사절이 다시 와서 말을 전했다. "다시 생각해 보니, 내가 다 갖고 싶구나. 네 은과 금 그리고 네 아내와 아들들 전부를 말이다. 모두 다 내게 넘겨라. 네게 하루의 시간을 주겠다. 그 이후에 내 신하들이 가서 네 왕궁과 네 관리들의 집을 뒤져, 그들 마음에 드는 것은 무엇이든 가져갈 것이다."

⁷ 이스라엘 왕은 지파의 모든 원로들과 회의를 열었다. 그가 말했다. "어찌 이럴 수 있단 말인가! 그는 시비를 걸고 있소. 내 아내와 자식들을 전부 달라니, 나를 빈털터리로 만들려는 속셈이오. 내가 이미 값을 두둑이 치르기로 했는데도 말이오!"

⁸ 백성의 지지를 받고 있는 원로들이 말했다. "그의 말에 굴할 것이 전혀 없습니다. 한 치도 양보하지 마십시오."

⁹ 그래서 이스라엘 왕은 벤하닷에게 사절을 보냈다. "내 고매하신 주인에게 이렇게 전하여라. '왕께서 처음 요구한 조건에는 내가 합의했으나, 이번 경우에는 그럴 생각이 전혀 없습니다!'"

사절이 돌아가서 그대로 보고했다.

¹⁰ 그러자 벤하닷이 다시 응수했다. "사마리아에 잔해 더미 외에 남는 게 있다면, 신들이 내게 천벌을 내리고 또 그보다 중한 벌을 내리실 것이다."

¹¹ 이스라엘 왕이 되받아쳤다. "잘 생각해 보십시오. 싸움이란 시작하기는 쉬워도 끝내기는 어려운 법입니다."

¹² 이 전갈을 들을 때에 벤하닷은 야전 막사에서 영주들과 거한 술판을 벌이고 있었다. 취중에 그가 심복들에게 지시했다. "그들을 쫓아가라!" 그래서 그들은 성을 공격했다.

¹³ 바로 그때, 한 예언자가 홀로 이스라엘 왕 아합을 찾아와 말했다. "**하나님**의 말씀입니다. '너는 이 무리를 잘 보았느냐? 자, 다시 보아라. 내가 오늘 그들을 네게 넘겨주겠다. 그러면 너는 내가 **하나님**인 것을 한 치의 의심도 없이 분명히 알게 될 것이다.'"

¹⁴ 아합이 말했다. "정말이십니까? 그렇다면 이 일을 해낼 자가 누구입니까?"

하나님께서 말씀하셨다. "지방 지도자들의 젊은 특전대원들이다."

아합이 말했다. "그럼 누가 공격을 진두지휘합니까?"

하나님께서 말씀하셨다. "바로 너다."

¹⁵ 아합은 지방 지도자들의 특전대를 훑어보았다. 수가 232명이었다. 또 투입 가능한 병력을 세어 보니 7,000명이었다.

¹⁶⁻¹⁷ 정오가 되자, 그들은 벤하닷을 찾아 성을 나섰다. 벤하닷은 연합군 영주 서른두 명과 함께 야전 막사에서 술을 마시느라 정신이 없었다. 지방 지도자들의 특전대가 진두에 나섰다.

벤하닷에게 보고가 들어왔다. "사마리아에서 군사들이 오고 있습니다."

18 벤하닷이 말했다. "그들이 화친하러 오거든 인질로 생포하여라. 싸우러 왔더라도 똑같이 인질로 생포하여라."

19-20 특전대가 성읍 바깥으로 달려 나가자, 전군이 그 뒤를 따랐다. 그들은 육탄전을 벌여 벤하닷의 군대에 큰 타격을 입혔다. 아람 사람들은 들판으로 흩어졌고 이스라엘은 그 뒤를 바짝 추격했다. 아람 왕 벤하닷도 기병들과 함께 말을 타고 도망쳤다.

21 이스라엘 왕은 말이나 전차 할 것 없이 모두 격파했다. 아람의 참패였다.

22 얼마 후에 그 예언자가 이스라엘 왕에게 와서 말했다. "이제 방심하면 안됩니다. 군대를 증강하고 전투력을 점검하여 잘 대비하십시오. 한 해가 지나기 전에 아람 왕이 다시 쳐들어올 것입니다."

23-25 한편 아람 왕의 참모들이 말했다. "그들의 신은 산의 신입니다. 산에서는 우리에게 승산이 없습니다. 그러니 평지에서 붙어야 합니다. 평지라면 우리가 유리합니다. 전략은 이렇습니다. 각 영주를 지도자 자리에서 빼고 노련한 지휘관으로 대체하십시오. 그리고 지난번에 탈주한 군대 규모에 맞먹는 전투부대를 징집하되, 말은 말대로 전차는 전차대로 보충하십시오. 그런 다음 평지에서 싸우면, 틀림없이 우리가 그들을 이길 것입니다."

왕은 그 말을 좋게 여겨 그들의 조언대로 했다.

²⁶⁻²⁷ 새해가 되자 벤하닷은 아람 군대를 다시 집결시켰고, 이스라엘과 전쟁을 벌이려고 아벡으로 올라갔다. 이스라엘 군대도 싸울 준비를 하고 출정하여 아람 군대와 마주쳤다. 그들은 아람 앞에서 두 진으로 전투대형을 이루었는데, 마치 두 염소 떼 같았다. 평지는 아람 사람들로 들끓고 있었다.

²⁸ 바로 그때, 거룩한 사람이 이스라엘 왕에게 다가와 말했다. "이것은 **하나님**의 말씀입니다. '아람 사람이 말하기를 "**하나님**은 산의 신이지 골짜기의 신은 아니다"라고 했으니, 내가 이 큰 무리의 군대를 네게 넘겨주겠다. 그러면 너는 내가 **하나님**인 것을 알게 될 것이다.'"

²⁹⁻³⁰ 양쪽 군대는 칠 일 동안 대치 상태로 있었다. 칠 일째 되던 날에 전투가 벌어졌다. 이스라엘 사람들은 하루 만에 아람 보병 100,000명을 죽였다. 나머지 군대는 필사적으로 달아나 아벡 성으로 돌아갔으나, 생존자 27,000명 위로 성벽이 무너졌다.

³⁰⁻³¹ 벤하닷은 성 안으로 피하여 골방에 숨었다. 그러자 참모들이 그에게 말했다. "우리가 듣기로 이스라엘 왕들은 신사적이라고 합니다. 그러니 우리가 낡은 삼베 자루를 걸친 뒤 휴전의 백기를 들고 이스라엘 왕 앞에 나가면 어떻겠습니까? 혹시 그가 왕을 살려 줄지도 모르지 않습니까."

³² 그래서 그들은 그렇게 했다. 그들은 낡은 삼베 자루를 걸치고 백기를 들고 이스라엘 왕에게 가서 말했다. "왕의 종 벤하닷이 '부디 나를 살려 주십시오' 하고 말했습니다."

아합이 말했다. "그가 아직 살아 있다는 말이냐? 살아 있다면, 그는 나의 형제다."

³³ 그들은 그것을 좋은 징조로 여기고 모든 일이 다 잘되리라고 결론지었다. "벤하닷은 두말할 것 없이 당신의 형제입니다."

왕이 말했다. "가서 그를 데려오너라." 그들은 가서 전차로 벤하닷을 데려왔다.

³⁴ 아합이 말했다. "나는 내 아버지가 당신 아버지에게서 **빼앗은** 성읍들을 돌려줄 용의가 있소. 또 내 아버지가 사마리아에 한 것처럼 다마스쿠스에 당신 본부를 두어도 좋소. 내가 당신을 호위하여 고국으로 보내 드리겠소." 그러고서 그는 벤하닷과 언약을 맺고 그를 전송했다.

³⁵ 예언자들 가운데 한 사람이 옆에 있는 사람에게 말했다. "하나님의 명령이니, 그분을 위해 나를 쳐서 상처를 입게 하여라." 그러나 그 사람은 때리려고 하지 않았다.

³⁶ 그 예언자는 그에게 말했다. "네가 **하나님**의 명령에 순종하지 않았으니, 이 자리를 떠나자마자 사자가 너를 공격할 것이다." 그 사람이 그 자리를 떠나기가 무섭게, 사자가 나타나서 그를 공격했다.

³⁷ 그 예언자는 또 다른 사람을 찾아 "나를 쳐서 상처를 입게 하라"고 말했다. 그 사람은 그대로 했다. 피가 나도록 그의 얼굴을 세게 쳤다.

³⁸⁻⁴⁰ 그러자 예언자는 자기 눈에 붕대를 감고 길가에 자리를

잡은 뒤, 왕을 기다렸다. 얼마 후 왕이 그곳을 지나가자, 예
언자는 왕에게 큰소리로 외쳤다. "왕의 종인 제가 한창 치열
한 전투중에 있는데, 어떤 사람이 나타나 포로 하나를 저에
게 맡기며 말했습니다. '목숨을 걸고 이 사람을 감시하여라.
그가 없어지기라도 하면 네가 큰 대가를 치를 것이다.' 하지
만 제가 바쁘게 이것저것을 하다 보니 그가 없어지고 말았
습니다."

이스라엘 왕이 말했다. "방금 너 스스로 네 판결을 내렸다."
⁴¹ 그러자, 그 예언자가 눈에 감은 붕대를 풀었다. 그제야 왕
은 그가 누구인지 알아보았다. 그는 예언자들 가운데 하나
였다!

⁴² 그 예언자가 왕에게 말했다. "**하나님**의 말씀입니다. '**하나
님**께 형벌을 선고받은 사람을 네가 놓아주었으니, 이제 네 목
숨이 그의 목숨을, 네 백성이 그의 백성을 대신할 것이다.'"
⁴³ 이스라엘 왕은 언짢아하며 왕궁으로 돌아갔다. 그는 아주
침울한 기분으로 사마리아에 도착했다.

나봇의 포도원

21
¹⁻² 설상가상으로, 그 후에 이런 일이 있었다. 이
스르엘 사람 나봇이 이스르엘에 포도원을 가지
고 있었는데, 그 포도원은 사마리아 왕 아합의 왕궁과 붙어
있었다. 하루는 아합이 나봇에게 말했다. "내가 텃밭으로
쓰려고 하니 그대의 포도원을 내게 넘기시오. 포도원이 궁

바로 옆에 있어 아주 편할 것이오. 대신 내가 그대에게 훨씬 좋은 포도원을 주겠소. 그대가 원한다면 그 값을 돈으로 치를 수도 있소."

3-4 그러나 나봇이 아합에게 말했다. "절대로 안됩니다! 오 **하나님**, 저를 도우소서. 이것은 집안의 농지이니 절대로 팔수 없습니다!" 아합은 마음이 몹시 상한 채 왕궁으로 돌아갔다. 이스르엘 사람 나봇이 "내 집안의 유산을 절대로 왕께넘기지 않겠습니다"라고 한 말에 기분이 몹시 상했던 것이다. 그는 자리에 누워 얼굴을 베개에 묻고는 먹지도 않았다.

5 그의 아내 이세벨이 와서 물었다. "무슨 일인가요? 무엇때문에 이렇게 언짢아서 먹지도 않으십니까?"

6 왕이 말했다. "이스르엘 사람 나봇 때문에 그러오. 내가 그에게 '그대의 포도원을 내게 넘기시오. 내가 그 값을 돈으로치르거나, 원한다면 다른 포도원을 대신 주겠소' 하고 말했소. 그랬더니 그가 '나는 절대로 내 포도원을 팔지 않겠습니다' 하지 않겠소."

7 이세벨이 말했다. "이게 이스라엘 왕이 할 행동입니까? 당신이 대장이시잖아요. 일어나세요! 음식을 드시고 기운을내세요! 이 일은 내가 알아서 하겠어요. 내가 왕께 이스르엘사람 나봇의 포도원을 갖다 바치겠어요."

8-10 그녀는 아합의 서명으로 편지를 쓰고 그의 직인을 찍어, 나봇이 살고 있는 성읍의 원로와 지도자들에게 보냈다. 편지의 내용은 다음과 같았다. "금식일을 선포하고 나봇을 상

석에 앉히시오. 그리고 그 맞은편에 앞잡이 둘을 앉히시오. 그들이 모든 사람 앞에서 '나봇! 너는 하나님과 왕을 모독했다!' 말하게 하고, 그를 끌어내어 돌로 쳐죽이시오."

11-14 그 성읍에 살고 있는 원로와 지도자들은 이세벨이 편지에 쓴 지시에 따라 그대로 행했다. 그들은 금식일을 선포하고 나봇을 상석에 앉혔다. 그리고 앞잡이 둘을 데리고 들어와 나봇 맞은편에 앉혔다. 두 잡배는 모든 사람 앞에서 그를 고소했다. "이 자가 하나님과 왕을 모독했다!" 무리가 그를 길바닥에 내던지고 잔인하게 돌로 쳐서 죽였다.

15 이세벨은 나봇이 돌에 맞아 죽었다는 말을 듣고 아합에게 말했다. "아합 왕이시여, 어서 가서 이스르엘 사람 나봇의 포도원, 그가 당신에게 팔지 않겠다던 그 포도원을 차지하세요. 나봇은 이제 없습니다. 그는 죽었습니다."

16 아합은 그 이야기를 듣자마자, 이스르엘 사람 나봇의 포도원으로 가서 그것을 자기 소유로 삼았다.

17-19 그때 하나님께서 개입하셔서 디셉 사람 엘리야에게 말씀하셨다. "일어나라. 내려가서 이스라엘 왕 사마리아의 아합을 만나거라. 나봇의 포도원에 가면 그가 있을 것이다. 그가 포도원을 차지하려고 그곳으로 내려갔다. 그에게 이렇게 말하여라. '하나님의 말씀이다. 이게 무슨 짓이냐? 처음에는 사람을 죽이더니, 이제는 도둑질까지 하였느냐?' 또 그에게 말하여라. '하나님의 판결이다. 개들이 나봇의 피를 핥아 먹은 바로 그 자리에서 네 피를 핥아 먹을 것이다. 그렇

다. 네 피다.'"

20-22 아합이 엘리야에게 말했다. "이 원수야! 그래, 네가 또 나를 찾아왔구나!"

"그렇습니다. 이렇게 또 찾아왔습니다." 엘리야가 말했다. "왕께서 **하나님**을 거역하고 악을 일삼고 있기에 이렇게 왔습니다. '내가 반드시 네게 파멸을 내려 네 자손을 완전히 묵사발로 만들고, 아합의 이름과 조금이라도 연관된 한심하고 비열한 남자들을 모조리 죽일 것이다. 내가 느밧의 아들 여로보암과 아히야의 아들 바아사에게 닥친 것과 똑같은 운명을 네게 내릴 것이다. 네가 이스라엘로 죄를 짓게 하여 나를 이렇듯 진노하게 만들었다.'

23-24 이세벨에 관해서는 **하나님**께서 이렇게 말씀하셨습니다. '온 이스르엘의 개들이 이세벨의 살점을 서로 먹으려고 다툴 것이다. 누구든지 아합 가운데 속한 자는, 성읍 안에서 죽으면 떠돌이 개들에게 먹힐 것이고, 들판의 시체들은 썩은 고기를 먹는 까마귀의 밥이 될 것이다.'"

25-26 아내 이세벨에게 떠밀려 **하나님**을 공공연히 거역한 아합은, 대대적으로 악을 일삼았고 이전의 누구보다도 악했다. 그는 **하나님**께서 일찍이 이스라엘 영토에서 쫓아낸 아모리 사람을 본받아 우상을 섬기며 극악한 음란에 빠졌다.

27 엘리야의 말을 들은 아합은 자기 옷을 갈기갈기 찢고, 회개의 굵은 베옷을 입고 금식했다. 그는 잠잘 때도 굵은 베옷을 입었다. 그리고 생쥐처럼 소리 없이 가만가만 다녔다.

²⁸⁻²⁹ 그러자 **하나님**께서 디셉 사람 엘리야에게 말씀하셨다. "아합이 회개하여 공손해진 것이 보이느냐? 그가 회개했으므로, 그의 생전에는 파멸을 내리지 않겠다. 그러나 아합의 아들이 그 일을 당할 것이다."

아합에 대한 하나님의 경고

22

¹⁻³ 그들은 삼 년 동안 평화를 누렸다. 아람과 이스라엘 사이에 싸움이 없었다. 삼 년째 되던 해에 유다의 여호사밧 왕이 이스라엘 왕을 찾아갔다. 이스라엘 왕이 자기 신하들에게 말했다. "길르앗에 있는 라못은 우리 땅인데도 아람 왕에게서 그 땅을 빼앗지 않고 그저 바라만 보고 있는 것을 경들은 알고 있소?"

⁴⁻⁵ 그리고 그는 고개를 돌려 여호사밧에게 말했다. "나와 함께 길르앗 라못을 치러 가시겠습니까?"

여호사밧이 말했다. "물론입니다. 나는 끝까지 왕의 편입니다. 내 군대는 왕의 군대고 내 말들도 왕의 것입니다." 그가 말을 이었다. "하지만 무슨 일이든 시작하기 전에 **하나님**의 인도하심을 구해야 합니다."

⁶ 이스라엘 왕은 예언자 사백여 명을 모아 놓고 이렇게 물었다. "내가 길르앗 라못을 공격하는 것이 좋겠소? 아니면 이대로 가만히 있는 것이 좋겠소?"

그들이 말했다. "공격하십시오. **하나님**께서 길르앗 라못을 왕에게 넘겨주실 것입니다."

⁷ 그러나 여호사밧은 머뭇거렸다. "이 근처에 우리가 의견을 들을 만한 **하나님**의 예언자가 또 있습니까?"

⁸ 이스라엘 왕이 여호사밧에게 말했다. "사실 한 사람이 있기는 합니다. 이믈라의 아들 미가야라는 자인데, 나는 그를 싫어합니다. 그는 내게 좋은 말을 전한 적이 한 번도 없고, 오직 파멸만을 예언합니다."

여호사밧이 말했다. "왕께서는 예언자에 대해 그런 식으로 말씀하시면 안됩니다."

⁹ 그러자 이스라엘 왕은 한 신하에게 명령했다. "당장 이믈라의 아들 미가야를 데려오너라!"

¹⁰⁻¹² 그 사이, 이스라엘 왕과 여호사밧은 화려한 왕복 차림으로 사마리아 성문 앞에 마련된 왕좌에 앉아 있었다. 모든 예언자들이 그들을 위해 공연이라도 하듯 예언을 펼쳤다. 그나아나의 아들 시드기야는 철로 뿔까지 한 쌍 만들어 그것을 휘두르며 외쳤다. "**하나님**의 말씀입니다! 왕께서 이 뿔들로 아람을 들이받아 아람에는 결국 아무것도 남지 않게 될 것입니다!" 모든 예언자가 맞장구를 쳤다. "맞습니다! 길르앗 라못을 치십시오. 쉽게 이길 것입니다! 왕께 주시는 **하나님**의 선물입니다!"

¹³ 미가야를 데리러 간 신하가 말했다. "예언자들이 하나같이 왕의 승리를 예언했습니다. 만장일치가 되도록 당신도 찬성표를 던지시오!"

¹⁴ 그러나 미가야는 말했다. "**하나님**께서 참으로 살아 계심

을 두고 맹세하는데, 나는 **하나님**께서 말씀하시는 것만을 말할 것이오."

¹⁵ 미가야가 왕 앞에 나아오자 왕이 물었다. "미가야여, 우리가 길르앗 라못을 공격하는 것이 좋겠소, 아니면 가만히 있는 것이 좋겠소?"

미가야가 말했다. "공격하십시오. 쉽게 이길 것입니다. 왕께 주시는 **하나님**의 선물입니다."

¹⁶ 왕이 말했다. "잠깐, 나에게 진실만을 말하라고 그대에게 몇 번이나 맹세를 시켜야 하겠소?"

¹⁷ 미가야가 말했다. "정 그러시다면, 좋습니다.

나는 온 이스라엘이 목자 없는 양처럼
산에 흩어져 있는 것을 보았습니다.
그때 **하나님**께서 말씀하셨습니다. '이 불쌍한 백성에게
어찌해야 할지 일러 주는 자가 없구나.
그들을 집으로 돌려보내
각자 생업에 충실하게 하여라.'"

¹⁸ 그러자 이스라엘 왕이 여호사밧을 보며 말했다. "보십시오! 내가 뭐라고 했습니까? 이 자는 내게 **하나님**의 좋은 말씀은 전하지 않고, 오직 파멸만을 전할 뿐입니다."

¹⁹⁻²³ 미가야가 말을 이었다. "아직 끝나지 않았습니다. **하나님**의 말씀을 들으십시오.

나는 **하나님**께서 왕좌에 앉아 계시고
하늘의 모든 군대가
그분의 오른쪽과 왼쪽에
늘어서 있는 것을 보았습니다.
하나님께서 말씀하셨습니다. '우리가 어찌하면 아합을 꾀어
길르앗 라못을 공격하게 할 수 있겠느냐?'
그러자 누구는 이렇게 말하고
누구는 저렇게 말했습니다.
그때 한 천사가 담대히 나서서
하나님 앞에 서서 말했습니다.
'제가 그를 꾀어내겠습니다.'
'그래 어떻게 꾀어내려느냐?' **하나님**께서 말씀하셨습니다.
'쉽습니다.' 그 천사가 말했습니다.
'모든 예언자들을 시켜 거짓말을 하게 하겠습니다.'
'그러면 되겠구나.' **하나님**께서 말씀하셨습니다.
'어서 가서 그를 꾀어라!'

그래서 그대로 되었습니다. **하나님**께서 왕의 꼭두각시 예언
자들의 입에 꾀는 거짓말을 가득 채우셨습니다. **하나님**께서
왕의 파멸을 선고하셨습니다."
²⁴ 바로 그때, 그나아나의 아들 시드기야가 다가와 미가야의
얼굴을 치며 말했다. "언제부터 **하나님**의 영이 나를 떠나 너
와 함께하셨더냐?"

²⁵ 미가야가 말했다. "네가 곧 알게 될 것이다. 미친 듯이 숨을 곳을 찾지만 모든 것이 부질없음을 네가 깨닫게 될 것이다."

²⁶⁻²⁷ 이스라엘 왕은 더 듣고 싶지 않았다. "미가야를 데려가거라! 그를 성읍 재판관 아몬과 왕자 요아스에게 넘기고 이렇게 전하여라. '왕의 명령이다! 그를 감옥에 가두고, 내가 무사히 돌아올 때까지 죽지 않을 만큼만 빵과 물을 먹여라.'"

²⁸ 미가야가 말했다. "왕께서 무사히 돌아오신다면 나는 하나님의 예언자가 아닙니다."

그리고 덧붙였다. "백성들이여, 일이 이루어지거든 이 말을 어디서 들었는지 잊지 마십시오!"

아합의 죽음

²⁹⁻³⁰ 이스라엘 왕과 유다 왕 여호사밧은 길르앗 라못을 공격했다. 이스라엘 왕이 여호사밧에게 말했다. "나는 변장하고 전쟁터에 들어갈 테니, 왕은 내 왕복을 입으십시오." 이스라엘 왕은 변장하고 전쟁터에 들어갔다.

³¹ 한편 아람 왕은 자신의 전차 지휘관 서른두 명에게 명령했다. "다른 자들은 신경 쓰지 말고, 오직 이스라엘 왕만 쫓아라."

³²⁻³³ 전차 지휘관들은 여호사밧을 보고 "저기 있다! 이스라엘 왕이다!" 하며 쫓아갔다. 여호사밧이 소리를 지르자, 전차 지휘관들은 그가 이스라엘 왕이 아니고 엉뚱한 사람이라는 것을 알아차렸다. 그들은 그를 놓아주었다.

³⁴ 바로 그때, 누군가가 무심코 쏜 화살이 이스라엘 왕의 갑옷 이음새 사이에 꽂혔다. 왕이 전차병에게 말했다. "방향을 돌려라! 내가 부상을 입었으니, 여기서 빠져나가자."

³⁵⁻³⁷ 싸움은 온종일 치열하게 계속되었다. 왕은 전차 안에 기대어 앉은 채로 싸움을 지켜볼 수밖에 없었다. 그는 그날 저녁에 죽었다. 그의 상처에서 흐른 피가 전차 안에 가득 고였다. 해질 무렵에 군사들 사이에 명령이 울려 퍼졌다. "진을 버리고 집으로 돌아가라! 왕이 운명하셨다!"

³⁷⁻³⁸ 사람들은 왕을 사마리아로 데려가 그곳에 묻었다. 그들은 그곳 성읍의 창녀들이 목욕하는 사마리아 연못에서 왕의 전차를 씻었는데, 하나님께서 말씀하신 대로 개들이 피를 핥아 먹었다.

³⁹⁻⁴⁰ 아합의 나머지 생애, 그가 행한 모든 일과 그가 지은 상아 궁전, 그가 세운 성읍, 그가 구축한 방어체제에 관한 기록은 '이스라엘 왕 연대기'에 모두 남아 있다. 그는 가족 묘지에 묻혔고 그의 아들 아하시야가 뒤를 이어 왕이 되었다.

유다 왕 여호사밧

⁴¹⁻⁴⁴ 이스라엘의 아합 왕 사년에, 아사의 아들 여호사밧이 유다의 왕이 되었다. 그는 왕이 되었을 때 서른다섯 살이었고, 예루살렘에서 이십오 년 동안 다스렸다. 그의 어머니는 실히의 딸 아수바다. 여호사밧은 아버지 아사가 걸어간 길에서 멈춰 서거나 벗어나지 않고, 그의 삶으로 **하나님**을 기

쁘게 해드렸다. 그러나 지역의 음란한 종교 산당들은 없애지 않았으므로, 백성이 계속해서 이 산당들을 찾아가 기도하고 예배했다. 여호사밧은 이스라엘 왕과 줄곧 사이가 좋았다.

45-46 여호사밧의 나머지 생애, 그의 업적과 전투에 관한 기록은 '유다 왕 연대기'에 모두 남아 있다. 그는 아버지 아사 시대 때부터 남아 있던 신전 남창들을 없앴다.

47 그의 재위 기간 동안에는 에돔에 왕이 없었고 위임 통치가 이루어졌다.

48-49 여호사밧은 오빌에서 금을 수입해 오려고 원양 선박을 지었다. 그러나 에시온게벨에서 배들이 난파하는 바람에 항해가 무산되었다. 그 시기에 아합의 아들 아하시야가 공동 해운 사업을 제의했으나, 여호사밧은 그와 협력하지 않았다.

50 그 후에 여호사밧은 죽어서 자기 조상 다윗 성의 가족 묘지에 묻혔다. 그의 아들 여호람이 뒤를 이어 왕이 되었다.

이스라엘 왕 아하시야

51-53 유다의 여호사밧 왕 십칠년에, 아합의 아들 아하시야가 사마리아에서 이스라엘의 왕이 되었다. 그는 이 년 동안 이스라엘을 다스렸다. 하나님 보시기에 그는 아버지와 어머니의 못된 삶을 본받아 악하게 살았고, 이스라엘을 죄로 이끈 느밧의 아들 여로보암의 전철을 밟았다. 그는 바알 산당에서 예배하여 **하나님** 이스라엘의 하나님을 크게 진노케

했다. 차이가 있다면, 그는 자기 아버지보다 더 악했다는
것이다.

열왕기하

1 ¹ 아합이 죽은 뒤에, 모압이 이스라엘에 반역했다.

² 하루는 아하시야가 사마리아에 있는 왕궁 옥상의 발코니 난간에서 떨어져 부상을 입었다. 그는 에그론의 신 바알세붑에게 전령들을 보내어 "내가 이 사고에서 회복되겠습니까?" 하고 묻게 했다.

³⁻⁴ **하나님**의 천사가 디셉 사람 엘리야에게 말했다. "일어나거라! 나가서 사마리아 왕이 보낸 사람들을 만나 이렇게 전하여라. '이스라엘에 하나님이 없어서 네가 에그론의 신 바알세붑에게 물으러 달려가느냐?' 왕이 피하려던 **하나님**의 메시지가 여기 있다. '너는 지금 누운 그 침상에서 내려오지 못할 것이다. 너는 이미 죽은 목숨이나 다름없다.'" 엘리야는 메시지를 전하고 사라졌다.

5 전령들이 돌아오자 왕이 말했다. "어찌하여 이렇게 금방 돌아왔느냐? 어찌 된 일이냐?"

6 그들이 왕에게 말했다. "도중에 어떤 사람을 만났는데, 그가 우리에게 이렇게 말했습니다. '그대들을 보낸 왕에게 돌아가 하나님의 메시지를 전하시오.' 그러면서 하는 말이 '이스라엘에 하나님이 없어서 네가 에그론의 신 바알세붑에게 물으러 달려가느냐? 그럴 것 없다. 너는 지금 누운 그 침상에서 내려오지 못할 것이다. 너는 이미 죽은 목숨이나 다름 없다'고 했습니다."

7 왕이 말했다. "너희에게 그 말을 한 사람에 대해 자세히 말해 보아라. 그가 어떻게 생겼더냐?"

8 그들이 말했다. "털이 텁수룩하고 가죽 허리띠를 맸습니다." 왕이 말했다. "디셉 사람 엘리야가 틀림없다."

9 왕은 군지휘관 한 명과 부하 쉰 명을 엘리야에게 보냈다. 그때에 엘리야는 산꼭대기에 앉아 있었다. 군지휘관이 말했다. "거룩한 사람이여! 왕의 명령이니 내려오시오!"

10 엘리야가 쉰 명의 부하를 둔 군지휘관에게 대답했다. "내가 참으로 거룩한 사람이라면, 번개가 너와 네 부하 쉰 명을 칠 것이다." 그러자 마른 하늘에서 번개가 내리쳐 군지휘관과 그의 부하 쉰 명을 태워 버렸다.

11 왕은 또 다른 군지휘관과 부하 쉰 명을 보냈다. "거룩한 사람이여! 왕의 명령이니 지금 당장 내려오시오!"

12 엘리야가 대답했다. "내가 참으로 거룩한 사람이라면, 번

개가 너와 네 부하 쉰 명을 칠 것이다." 곧바로 하나님의 번
개가 내리쳐 군지휘관과 그의 부하 쉰 명을 태워 버렸다.

¹³⁻¹⁴ 그러자 왕은 세 번째 군지휘관과 그의 부하 쉰 명을 보
냈다. 세 번째로 군지휘관이 부하 쉰 명과 함께 엘리야에
게 다가갔다. 그 세 번째 군지휘관은 무릎을 꿇고 애원했다.
"거룩한 사람이여, 제 목숨과 이 쉰 명의 목숨을 생각해 주
십시오! 벌써 두 번씩이나 마른 하늘에서 번개가 내리쳐 군
지휘관들과 그들의 부하 각 쉰 명을 태워 버렸습니다. 부디
제 목숨을 생각해 주십시오!"

¹⁵ **하나님**의 천사가 엘리야에게 말했다. "가거라. 두려워하
지 마라." 엘리야가 일어나, 그와 함께 왕에게 갔다.

¹⁶ 엘리야가 왕에게 말했다. "**하나님**의 말씀입니다. '너는 이
스라엘에 네가 기도할 하나님이 없다는 듯이 에그론의 신
바알세붑에게 전령들을 보내 묻게 했으니, 절대로 그 침상
에서 살아 내려오지 못할 것이다. 너는 이미 죽은 목숨이나
다름없다.'"

¹⁷ 과연 엘리야가 전한 **하나님**의 말씀대로 그가 죽었다.
아하시야는 아들이 없었으므로, 그의 동생 요람이 뒤를 이
어 왕이 되었다. 때는 유다 왕 여호사밧의 아들 여호람 이년
이었다.

¹⁸ 아하시야의 나머지 생애는 '이스라엘 왕 연대기'에 기록되
어 있다.

엘리야가 하늘로 올라가다

2 1-2 **하나님**께서 엘리야를 회오리바람에 실어 하늘로 데려가시기 직전의 일이다. 엘리야와 엘리사가 길갈을 벗어나 걸어가고 있었다. 엘리야가 엘리사에게 말했다. "너는 여기 남아 있거라. **하나님**께서 나를 베델로 보내셨다." 엘리사가 말했다. "그럴 수 없습니다! 저는 스승님을 절대 떠나지 않겠습니다!" 그래서 그들은 함께 베델로 갔다.

3 베델의 예언자 수련생들이 엘리사를 만나 말했다. "**하나님**께서 오늘 당신의 스승을 데려가실 텐데, 알고 계십니까?"

"그렇소." 엘리사가 말했다. "나도 알고 있으니, 조용히 하시오."

4 엘리야가 엘리사에게 말했다. "너는 여기 남아 있거라. **하나님**께서 나를 여리고로 보내셨다."

엘리사가 말했다. "그럴 수 없습니다! 저는 스승님을 절대 떠나지 않겠습니다!" 그래서 그들은 함께 여리고로 갔다.

5 여리고의 예언자 수련생들이 엘리사에게 와서 말했다. "**하나님**께서 오늘 당신의 스승을 데려가실 텐데, 알고 계십니까?"

"그렇소." 그가 말했다. "나도 알고 있으니, 조용히 하시오."

6 엘리야가 엘리사에게 말했다. "너는 여기 남아 있거라. **하나님**께서 나를 요단으로 보내셨다."

엘리사가 말했다. "그럴 수 없습니다! 저는 스승님을 절대 떠나지 않겠습니다!" 그래서 두 사람은 함께 길을 떠났다.

⁷ 그들 두 사람이 요단 강가에 섰을 때, 따라온 예언자 수련생 쉰 명이 멀찍이 모여 있었다.

⁸ 엘리야가 겉옷을 벗어 말아 들고 그것으로 강물을 치니, 물이 갈라져 두 사람은 마른 땅을 밟으며 강을 건넜다.

⁹ 건너편에 이르러 엘리야가 엘리사에게 말했다. "주께서 나를 데려가시기 전에, 네가 내게 바라는 것이 있느냐? 무엇이든 구하여라."

엘리사가 말했다. "저는 스승님을 따라 살기 원합니다. 저도 스승님처럼 거룩한 사람이 되고 싶습니다."

¹⁰ "어려운 부탁을 하는구나!" 엘리야가 말했다. "하지만 나를 데려가시는 것을 네가 지켜보고 있으면, 네가 구한 것을 받게 될 것이다. 반드시 지켜보아야 한다."

¹¹⁻¹⁴ 실제로 그렇게 되었다. 그들이 함께 이야기하며 걷고 있는데, 갑자기 불전차와 불말이 두 사람 사이에 끼어들더니, 엘리야만 회오리바람에 싣고 하늘로 올라갔다. 엘리사가 그 모든 것을 보고 소리쳤다. "나의 아버지, 나의 아버지! 이스라엘의 전차와 기병이시여!" 더 이상 아무것도 보이지 않자, 엘리사는 자기 옷을 잡고 찢었다. 그러고는 엘리야가 떨어뜨린 겉옷을 집어 들고 요단 강가로 돌아와 그곳에 섰다. 그는 엘리야의 겉옷—엘리야가 남긴 것은 그것뿐이었다!—을 들고 강물을 치며 말했다. "엘리야의 하나님, 어디 계십니까?"

그가 강물을 치자, 물이 갈라져 엘리사는 걸어서 강을 건넜다.

15 여리고에서 온 예언자 수련생들은 자신들이 서 있던 곳에서 그 모든 광경을 보았다. 그들은 "엘리야의 영이 엘리사 안에 살아 있다!"고 말하면서 예를 갖춰 그를 맞이했다.

16 이어서 그들이 말했다. "우리에게 무슨 일이든 시키십시오. 여기 믿을 만한 사람 쉰 명이 있습니다. 그들을 보내어 선생님의 스승을 찾게 하십시오. **하나님**의 영이 그를 어떤 산으로 쓸어 가셨거나 먼 골짜기에 떨어뜨리셨을지 모릅니다." 엘리사가 말했다. "아니다. 보내지 마라."

17 그런데도 그들이 성가시게 간청하자 결국 그는 뜻을 굽혔다. "그렇다면 사람들을 보내 찾아보아라."

그들이 쉰 명을 보내어 사흘 동안이나 샅샅이 살폈으나, 아무것도 찾지 못했다.

18 마침내 그들이 여리고에 있는 엘리사에게 돌아왔다. 그가 그들에게 말했다. "그것 보아라. 내가 말하지 않았느냐?"

19 하루는 그 성읍 사람들이 엘리사에게 말했다. "선생님께서도 아시는 것처럼, 우리 성읍은 위치가 아주 좋습니다. 그러나 물이 더러워서 아무것도 자라지 못합니다."

20 그가 말했다. "새 대접에 소금을 조금 넣어 내게 가져오십시오." 그러자 그들이 그 말대로 했다.

21-22 엘리사는 샘으로 가서 그 안에 소금을 뿌리고 이렇게 선포했다. "**하나님**의 말씀입니다. '내가 이 물을 깨끗하게 했다. 다시는 이 물이 너희를 죽이거나 너희 땅을 오염시키

지 못할 것이다.'" 엘리사의 말대로 물은 깨끗하게 되었고,
오늘까지도 그대로 남아 있다.

²³ 또 한번은 엘리사가 베델로 가고 있는데, 어린아이들이
성읍에서 나와 "어이, 대머리 늙은이야! 저리 꺼져라, 대머
리야!" 하며 그를 조롱했다.
²⁴ 엘리사가 돌아서서 그들을 보고는, 하나님의 이름으로 저
주했다. 그때 곰 두 마리가 수풀에서 튀어나와, 마흔두 명의
아이들을 모두 덮쳐 갈기갈기 찢어 놓았다!
²⁵ 엘리사는 계속해서 갈멜 산으로 갔다가, 거기서 다시 사
마리아로 돌아왔다.

이스라엘 왕 요람

3 ¹⁻³ 유다의 여호사밧 왕 십팔년에, 아합의 아들 요람
이 사마리아에서 이스라엘의 왕이 되어 십이 년 동
안 다스렸다. 그는 하나님 보시기에 악한 왕이었으나, 자기
아버지와 어머니만큼 악하지는 않았다. 그가 자기 아버지가
만든 가증한 바알 석상을 부순 것은 잘한 일이었지만, 느밧
의 아들 여로보암의 죄악된 행위들, 그토록 오랫동안 이스라
엘을 타락하게 만든 행위들을 고수했고, 그것을 떨쳐 버
리지 못했다.

⁴⁻⁷ 모압 왕 메사는 양을 치는 사람이었다. 그는 어린양
100,000마리와 숫양 100,000마리를 이스라엘 왕에게 바

쳐야 했다. 아합이 죽자, 모압 왕은 이스라엘 왕에게 반기를
들었다. 그래서 요람 왕은 사마리아에서 나와 전쟁 준비를
했다. 먼저 그는 유다의 여호사밧 왕에게 메시지를 보냈다.
"모압 왕이 나에게 반기를 들었습니다. 나와 함께 가서 그와
싸우겠습니까?"

7-8 여호사밧이 말했다. "끝까지 당신과 함께하겠습니다. 내
군대가 곧 당신의 군대고 내 말이 곧 당신의 말입니다. 어느
길로 가면 좋겠습니까?"

"에돔 황무지를 지나서 가는 것이 좋겠습니다."

9 그리하여 이스라엘 왕과 유다 왕과 에돔 왕이 길을 떠났는
데, 그만 길을 돌아서 가게 되었다. 칠 일이 지나자 군대와
짐승이 마실 물이 떨어졌다.

10 이스라엘 왕이 말했다. "큰일이다! 하나님께서 우리 세 왕
을 여기까지 데려오셔서 모압의 손에 넘기려 하시는구나."

11 그러자 여호사밧이 물었다. "혹시 주위에 하나님의 예언
자가 있습니까? 하나님의 뜻을 알아보게 말입니다."
이스라엘 왕의 신하들 가운데 한 사람이 말했다. "가까운 곳
에 사밧의 아들 엘리사가 있습니다. 그는 엘리야의 오른팔
이었습니다."

12 여호사밧이 말했다. "좋습니다! 그는 우리가 믿을 수 있
는 사람입니다!" 그래서 그들 세 사람—이스라엘 왕, 여호
사밧, 에돔 왕—은 엘리사를 찾아가서 만났다.

13 엘리사가 이스라엘 왕에게 말했다. "무슨 일로 내게 오셨

습니까? 왕의 아버지와 어머니의 꼭두각시 예언자들에게 가서 물으십시오."

이스라엘 왕이 말했다. "그런 말씀 마십시오! **하나님**께서 우리 세 왕을 곤경에 빠뜨려 모압의 손에 넘기려 하십니다."

14-15 엘리사가 말했다. "내가 늘 섬기는 만군의 **하나님**께서 살아 계심을 두고 맹세합니다. 유다 왕 여호사밧을 존중하는 마음이 없었다면, 나는 왕을 쳐다보지도 않았을 것입니다. 하지만 여호사밧 왕을 생각하지 않을 수 없으니, 내게 악기를 타는 사람을 불러 주십시오." (악기를 타는 사람이 연주하자 **하나님**의 능력이 엘리사에게 임했다.)

16-19 엘리사가 말했다. "**하나님**께서 말씀하시기를, '이 골짜기 곳곳에 도랑을 파라'고 하십니다. 그러면 이렇게 될 것입니다. '너희가 바람소리도 듣지 못하고 비도 보지 못하겠으나, 이 골짜기에 물이 가득 차서 너희 군대와 짐승이 마음껏 마시게 될 것이다.' 이 일이 **하나님**께는 쉬운 일입니다. 그분께서는 또한 모압을 왕들의 손에 넘기실 것입니다. 왕들께서는 그 땅을 황폐하게 만들고, 그 땅의 요새를 무너뜨리고, 주요 마을을 짓밟고, 과수원을 허물고, 샘을 막고, 밭을 돌밭으로 만들 것입니다."

20 아침이 되어 아침 제사를 드릴 때에, 물이 서쪽 에돔에서 쏟아져 들어와 순식간에 홍수처럼 골짜기를 가득 메웠다.

21-22 모압의 모든 사람은 이스라엘의 왕들이 싸우러 올라왔다는 소식을 들었다. 그래서 칼을 쓸 줄 아는 사람을 모두

소집해 국경에 자리를 잡았다. 그들이 아침 일찍 일어나 준비하고 있는데, 해가 물 위로 떠올랐다. 모압 사람이 선 곳에서 보니, 햇빛에 반사된 물이 피처럼 붉게 보였다.

23 그들이 말했다. "피다! 저 피를 보아라! 왕들이 서로 싸워 죽인 것이 분명하다! 모압 사람들아, 약탈하러 가자!"

24-25 모압이 이스라엘 진에 들어오자, 이스라엘 사람이 일어나 모압 사람을 닥치는 대로 죽였다. 모압 사람은 필사적으로 도망쳤고, 이스라엘 사람은 거침없이 추격해 그들을 죽였다. 그들은 성읍을 짓밟고, 밭을 돌밭으로 만들고, 샘을 막고, 과수원을 허물었다. 수도인 길하레셋만 무사했으나, 그것도 오래가지 않았다. 그들은 수도마저 포위하고 돌을 마구 던져 공격했다.

26-27 모압 왕은 자기가 지는 싸움을 하고 있음을 알고는, 칼 쓰는 사람 칠백 명을 데리고 에돔 왕이 있는 쪽으로 돌파해 가려 했다. 그러나 뜻대로 되지 않자, 그는 자기를 이어 왕이 될 맏아들을 잡아 성벽 위에서 제물로 바쳤다. 그 일은 이스라엘에 격한 분노를 불러일으켰다. 이스라엘은 물러나 자기 나라로 돌아갔다.

4 1 하루는 예언자 수련생들 가운데 한 사람의 아내가 엘리사에게 부르짖었다. "선생님의 종인 제 남편이 죽었습니다. 선생님도 잘 아시는 것처럼, 남편은 **하나님께**

헌신된 아주 선한 사람이었습니다. 그런데 남편에게 돈을 꾸어 준 자가 저의 두 아이를 종으로 잡아가겠다고 지금 오고 있습니다."

2 엘리사가 말했다. "내가 어찌하면 그대를 도울 수 있을지 말해 보시오. 집 안에 무엇이 남아 있소?"

여인이 말했다. "기름 조금 말고는 아무것도 없습니다."

3-4 엘리사가 말했다. "그러면 이렇게 하시오. 길을 다니면서 모든 이웃에게 빈 그릇과 대접을 빌려 오시오. 몇 개만 아니라 얻을 수 있는 만큼 많이 빌려 오시오. 그런 다음 아들들과 함께 집으로 들어가 문을 닫고, 그릇마다 기름을 부어 가득 차는 대로 옆으로 밀어 놓으시오."

5-6 여인은 그의 말대로 아들들과 함께 집 안으로 들어가 문을 닫고, 아들들이 그릇을 가져오는 대로 기름을 채웠다. 모든 그릇과 대접에 기름이 다 차자, 여인이 한 아들에게 말했다. "다른 통을 가져오너라."

아들이 말했다. "그게 다입니다. 그릇이 더 없습니다."

그러자 기름이 그쳤다.

7 여인은 하나님의 사람에게 가서 그 이야기를 전했다. 하나님의 사람이 말했다. "가서 기름을 팔아 빚을 갚고, 남은 것은 그대와 아들들의 생활비로 쓰도록 하시오."

엘리사와 수넴 여인

8 하루는 엘리사가 수넴을 지나가는데, 그 성읍의 어느 귀부

인이 그를 초대하여 식사를 대접했다. 그래서 엘리사는 그 지역을 지날 때마다 그 집에 들러서 식사를 하게 되었다.

9-10 그 여인이 남편에게 말했다. "우리 집에 항상 들르는 이 사람은 분명히 하나님의 거룩한 사람입니다. 그러니 위층에 작은 방을 하나 더 내고 침대와 책상, 의자와 등잔을 갖추어, 그가 이곳을 지날 때마다 우리 집에 묵게 하면 어떨까요?"

11 그래서 다음부터 그곳을 지날 때 엘리사는 그 방에 가서 잠시 누워 쉬게 되었다.

12 그는 자기 종 게하시에게 말했다. "수넴 여인에게 내가 좀 보잔다고 전하여라." 그러자 그 여인이 엘리사에게 왔다.

13 엘리사는 게하시를 통해 말했다. "그대는 도리에 넘치도록 우리를 잘 돌보아 주었소. 그대에게 무언가를 해주고 싶은데, 혹 왕이나 군사령관에게 부탁할 만한 청이 있으시오?" 여인이 대답했다. "아무것도 없습니다. 저는 집에서 평안하고 만족스럽게 살고 있습니다."

14 엘리사가 게하시와 의논했다. "우리가 이 여인에게 해줄 수 있는 일이 분명 있을 텐데, 무엇을 해주면 좋겠느냐?" 게하시가 말했다. "이 여인에게는 아들이 없습니다. 그리고 남편은 나이가 들었습니다."

15 "여인을 불러다오." 엘리사가 말했다. 게하시가 여인을 부르자, 여인이 열린 문 앞에 섰다.

16 엘리사가 여인에게 말했다. "내년 이맘때 그대는 사내아이에게 젖을 먹이고 있을 것이오."

여인이 대답했다. "내 거룩한 주인이시여, 그런 허황된 말로 저를 놀리지 마십시오!"

¹⁷ 그러나 그 여인은 임신했고, 엘리사의 말대로 일 년 후에 아들을 낳았다.

¹⁸⁻¹⁹ 그 아이가 자라났다. 하루는 아이가 추수꾼들과 함께 일하고 있는 아버지에게 가서 아프다고 호소했다. "아이고 머리야, 아이고 머리야!"

아버지가 종에게 명령했다. "아이를 어머니에게 데려가거라."

²⁰ 종은 아이를 안고 어머니에게 데려갔다. 아이는 어머니의 무릎에 정오까지 누워 있다가 죽었다.

²¹ 여인이 아이를 데리고 올라가 하나님의 사람의 침대 위에 눕히고, 아이를 혼자 둔 채 문을 닫고 나왔다.

²² 그리고 나서 여인은 남편을 불렀다. "종 하나와 나귀 한 마리를 내주세요. 급히 그 거룩한 사람에게 다녀와야겠습니다."

²³ "오늘 꼭 가야겠소? 오늘은 초하루나 안식일 같은 거룩한 날이 아니지 않소."

여인이 말했다. "묻지 마세요. 지금 당장 가야 합니다. 저를 믿어 주세요."

²⁴⁻²⁵ 여인이 가서 나귀에 안장을 얹고 종에게 말했다. "앞장 서거라. 최대한 빨리 가자. 네가 너무 빠르면 내가 말하겠다." 여인은 길을 떠나서 갈멜 산에 있는 거룩한 사람에게 이르렀다.

²⁵⁻²⁶ 거룩한 사람은 멀리서 여인이 오는 것을 보고 종 게하

시에게 말했다. "저기를 보아라. 수넴 여인이다! 빨리 가서 '무슨 문제라도 있습니까? 괜찮습니까? 남편과 아이는 별일 없습니까?' 하고 물어보아라."

게하시가 가서 묻자, 여인이 대답했다. "별일 없소."

27 그러나 여인은 산에 있는 거룩한 사람에게 이르자, 그 발밑에 엎드려 그를 꼭 붙들었다.

게하시가 여인을 떼어 내려 했으나, 거룩한 사람이 말했다. "그냥 두어라. 괴로워하는 모습이 보이지 않느냐? 하지만 **하나님**께서 내게 그 이유를 알려 주지 않으시니 나도 모르겠구나."

28 그때 여인이 입을 열었다. "주인님, 제가 언제 아들을 달라고 했습니까? 헛된 희망으로 저를 놀리지 말라고 말씀드리지 않았던가요?"

29 그러자 엘리사가 게하시에게 명령했다. "잠시도 지체하지 말고 내 지팡이를 들고 최대한 빨리 달려가거라. 도중에 누구를 만나더라도 인사를 해서는 안된다. 누가 너에게 인사를 하더라도 대꾸하지 마라. 도착하거든, 내 지팡이를 아이의 얼굴 위에 놓아라."

30 아이의 어머니가 말했다. "**하나님**께서 살아 계심과 당신이 살아 계심을 두고 맹세하는데, 당신이 나를 두고 갈 수는 없습니다." 그래서 게하시는 여인을 앞장서게 하고 그 뒤를 따랐다.

31 게하시가 먼저 도착하여 아이의 얼굴에 지팡이를 놓았다.

하지만 아무 소리도 없었다. 생명의 조짐이 보이지 않았다. 게하시가 다시 돌아가 엘리사에게 말했다. "아이가 깨어나지 않습니다."

32-35 엘리사가 집에 들어가 보니 아이가 죽은 채로 침대에 누워 있었다. 그는 방 안에 들어가 문을 잠그고—방에는 그 둘만 있었다—하나님께 기도했다. 그는 아이가 누운 침대에 올라가 입과 입, 눈과 눈, 손과 손을 맞대어 자기 몸으로 아이를 덮었다. 그가 그렇게 아이 위에 엎드리자 아이 몸이 따뜻해졌다. 엘리사는 일어나 방 안을 왔다갔다 했다. 그러다가 다시 가서 아이 위에 엎드렸다. 그러자 아이가 재채기를 시작하더니—재채기를 일곱 번 했다!—눈을 떴다.

36 그는 게하시를 불러 말했다. "수넴 여인을 안으로 들여라!" 그가 부르자 여인이 들어왔다.

엘리사가 말했다. "그대의 아들을 안으시오!"

37 여인은 깊이 존경하는 마음으로 얼굴을 땅에 대고 엘리사의 발 앞에 엎드렸다. 그러고는 아들을 안고 밖으로 나갔다.

38 엘리사가 다시 길갈로 내려갔다. 그곳에 기근이 들었다. 그가 예언자 수련생들에게 조언하던 중에 자기 종에게 말했다. "불 위에 큰 솥을 걸고 예언자들이 먹을 국을 끓여라."

39-40 한 사람이 나물을 구하러 들에 나갔다. 그는 우연히 들포도덩굴을 보고 거기에 달린 박들을 따서 마대자루에 가득 담았다. 그는 그것을 가져와 썰어서 국에 넣었으나, 그것이

어떤 식물인지는 아무도 몰랐다. 드디어 국을 사람들에게 대접하여 먹게 했다. 그들이 먹기 시작하더니 잠시 후에 소리쳤다. "하나님의 사람이여, 솥 안에 죽음이 있습니다! 솥 안에 죽음이 있습니다!" 아무도 그 국을 먹을 수 없었다. 엘리사가 명령했다. "밀가루를 좀 가져오너라." 그러더니 그것을 솥 안에 뿌렸다.

⁴¹ 엘리사가 말했다. "이제 사람들에게 나누어 주어라." 그들은 국을 먹었고 아무 이상도 없었다. 국은 아무 문제 없었다!

⁴² 하루는 어떤 사람이 바알살리사에서 도착했다. 그는 이른 추수에서 난 갓 구운 빵 스무 덩이와 과수원에서 딴 사과 몇 개를 하나님의 사람에게 가져왔다.

엘리사가 말했다. "사람들에게 돌려서 먹게 하여라."

⁴³ 그의 종이 말했다. "백 명이나 되는 사람에게 말입니까? 어림도 없습니다!"

엘리사가 말했다. "가서 그대로 하여라. **하나님께서 충분하다고 말씀하신다.**"

⁴⁴ 정말로 충분했다. 그는 자기가 가진 음식을 돌렸다. 사람들이 충분히 먹고도 음식이 남았다.

나아만이 고침을 받다

5 ¹⁻³ 나아만은 아람 왕의 군사령관으로, 그의 주인에게 중요한 사람이었다. **하나님께서** 그를 통해 아람에게 승리를 주셨으므로, 왕은 그를 더할 나위 없이 귀히 여겼다.

그는 참으로 훌륭한 사람이었는데, 다만 심한 피부병을 앓고 있었다. 전에 아람이 이스라엘을 원정 기습할 때 한 어린 소녀를 붙잡아 왔는데, 그 소녀는 나아만의 아내의 종이 되었다. 하루는 소녀가 여주인에게 말했다. "주인께서 사마리아의 예언자를 만나시면, 피부병을 고치실 수 있을 텐데요."

4 나아만은 곧바로 자기 주인에게 가서 이스라엘 소녀가 한 말을 보고했다.

5 아람 왕이 말했다. "그렇다면 가시오. 내가 이스라엘 왕에게 소개 편지를 보내리다."

그래서 그는 은 340킬로그램, 금 68킬로그램, 옷 열 벌을 가지고 떠났다.

6 나아만은 이스라엘 왕에게 편지를 전했다. 편지에는 이렇게 쓰여 있었다. "왕께서 이 편지를 받으면 아시겠지만, 내가 개인적인 일로 신하 나아만을 왕께 보냈습니다. 그의 피부병을 고쳐 주시기 바랍니다."

7 이스라엘 왕은 편지를 읽고 근심에 사로잡혀 옷을 잡아 찢었다. 그가 말했다. "나에게 이 사람의 병을 고쳐 주라니, 내가 사람을 죽이거나 살릴 능력이 있는 신이라도 된다는 말인가? 이것은 아람 왕이 시비를 걸려는 수작이다!"

8 이스라엘 왕이 너무 괴로워서 옷을 잡아 찢었다는 말을 하나님의 사람 엘리사가 들었다. 그는 왕에게 전갈을 보냈다. "어찌하여 옷을 찢을 정도로 근심하고 계십니까? 그 사람을 내게 보내십시오. 그가 이스라엘에 예언자가 있다는 것을

알게 될 것입니다."

⁹ 그리하여 나아만은 거창하게 자기 소유의 말과 전차를 거느리고 와서 엘리사의 집 문 앞에 섰다.

¹⁰ 엘리사가 종을 보내 그를 맞이하면서 메시지를 전했다. "요단 강에 가서 일곱 번 몸을 담그십시오. 그러면 살갗이 나아서 새 살처럼 될 것입니다."

¹¹⁻¹² 나아만은 화가 치밀어 발길을 돌리며 말했다. "적어도 엘리사가 직접 나와서 나를 맞이하고, **하나님**의 이름을 부르며 상처 위에 손을 얹어 병을 없앨 줄 알았다. 다마스쿠스의 아바나 강과 바르발 강이 이스라엘의 강보다 훨씬 깨끗한데, 거기서 목욕하면 안된단 말인가? 그러면 몸이라도 깨끗해질 것 아닌가!" 그는 노발대발하며 떠나가 버렸다.

¹³ 그러나 그의 부하들이 따라와서 말했다. "장군님, 예언자가 어렵고 거창한 일을 주문했어도 그대로 따르지 않았겠습니까? 그저 씻기만 하면 된다는데, 그 간단한 일을 못할 이유가 무엇입니까?"

¹⁴ 그래서 그는 거룩한 사람의 명령대로 요단 강에 내려가서 일곱 번 몸을 담갔다. 그러자 그의 피부가 어린아이처럼 깨끗해졌다.

¹⁵ 나아만은 수행원을 데리고 거룩한 사람에게 돌아가 그 앞에 서서 말했다. "나는 이제야 이스라엘의 하나님 외에는 세상 어디에도 하나님이 계시지 않는다는 것을 알게 되었습니다. 너무나 감사하여 선물을 드리고자 합니다."

¹⁶ 엘리사가 대답했다. "**하나님** 곧 내가 섬기는 하나님께서 살아 계심을 두고 맹세하는데, 나는 당신에게서 아무것도 받지 않겠습니다." 나아만은 선물로 무엇이든 주려고 했지만, 엘리사는 받지 않았다.

¹⁷⁻¹⁸ 나아만이 말했다. "아무것도 받지 않으시겠다면, 내가 당신에게 부탁드릴 것이 있습니다. 내게 나귀 한 떼에 실을 수 있을 만큼의 흙을 주십시오. 이제 내가 다시는 **하나님** 외에 다른 신에게 예배하지 않겠습니다. 다만 한 가지 일만큼은 **하나님**의 용서를 구합니다. 내가 모시는 주인이 내 팔에 기대어서 림몬 산당에 들어가 예배하면 나도 그분과 함께 거기서 림몬을 예배해야 할 텐데, 그 일만큼은 **하나님**께서 나를 용서해 주시도록 기도해 주십시오."

¹⁹⁻²¹ 엘리사가 말했다. "다 잘될 것이니 평안히 가십시오." 나아만이 떠난 지 오래되지 않았을 때, 거룩한 사람 엘리사의 종 게하시가 혼자 중얼거렸다. "내 주인께서는 감사의 표시 하나 받지 않고 아람 사람 나아만을 그냥 돌려보냈구나. **하나님**이 살아 계심을 두고 맹세하는데, 내가 그를 쫓아가서 무엇이든 얻어 와야겠다!" 게하시는 나아만을 쫓아갔다. 나아만은 게하시가 자기를 쫓아오는 것을 보고 전차에서 뛰어내려 그를 맞이했다. "무슨 문제라도 있소?"

²² "문제가 아니라 일이 좀 생겼습니다. 제 주인께서 저를 보내어 '방금 에브라임 산지에서 두 청년이 나타났는데, 그들은 예언자 수련생의 형제들입니다. 은 34킬로그램과 옷 두

벌을 선물로 주어 그들에게 부족한 것을 채워 주십시오' 하
고 전하라고 말씀했습니다."

23 나아만이 말했다. "물론이오. 68킬로그램은 어떻소?" 나아
만이 우겨서 은을 두 자루에 넣어 묶고 그에게 옷 두 벌을 주
었다. 그리고 선물을 나르도록 두 명의 종까지 붙여 주었다.

24 언덕에 있는 요새에 이르자, 게하시는 종들에게서 선물을
받아 안에 보관해 두고 종들을 돌려보냈다.

25 그가 돌아와 주인 앞에 섰다. 엘리사가 말했다. "게하시
야, 지금까지 무엇을 하다 왔느냐?"

"아무 일도 아닙니다." 그가 말했다.

26-27 엘리사가 말했다. "그 사람이 전차에서 내려 너를 맞이
할 때 내가 영으로 너와 함께 있던 것을 몰랐느냐? 말해 보
아라. 지금이 네 자신을 돌보고 선물로 네 주머니를 채울 때
냐? 이제 나아만의 피부병이 너와 네 집안에 옮아서, 영영
낫지 않을 것이다."

게하시가 물러나오니, 피부병으로 그의 살갗이 벗겨져 눈
처럼 하얗게 되었다.

6 1-2 하루는 예언자 수련생들이 엘리사에게 와서 말했
다. "우리가 선생님을 모시고 살고 있는 이곳은, 보
시는 것처럼 거동조차 어려울 정도로 비좁습니다. 허락해
주시면, 우리가 요단으로 내려가 각각 통나무를 구해다 더

넓은 집을 짓겠습니다."

엘리사가 말했다. "그렇게 하여라."

³ 그러자 그들 중 한 사람이 말했다. "선생님도 우리와 함께 가 주십시오!"

엘리사가 말했다. "좋다."

⁴⁻⁵ 엘리사는 그들과 함께 갔다. 그들은 요단에 이르러 나무를 베기 시작했다. 그들 중 한 사람이 나무를 넘어뜨리는데, 그만 도끼머리가 떨어져 강 속에 빠져 버렸다.

그가 외쳤다. "큰일났습니다, 주인님! 이것은 빌려 온 도끼입니다!"

⁶ 거룩한 사람이 물었다. "어디에 빠뜨렸느냐?"

그 사람이 엘리사에게 자리를 일러 주었다.

엘리사가 나뭇가지를 꺾어 그 지점으로 던지자, 도끼머리가 떠올랐다.

⁷ 엘리사가 "저것을 집어라" 하고 말하니, 그 사람이 손을 내밀어 도끼를 건져 냈다.

아람 군대를 물리치다

⁸ 한번은 아람 왕이 이스라엘과 전쟁중일 때, 신하들과 의논한 뒤에 "내가 이러이러한 곳에 복병을 두고자 한다"고 말했다.

⁹ 그러자 거룩한 사람이 이스라엘 왕에게 메시지를 보냈다. "그곳을 지날 때 조심하십시오. 아람 사람이 그곳에 매복해

있습니다."

¹⁰ 이 말을 듣고 이스라엘 왕은 거룩한 사람이 경고한 곳에 대해 지시를 내렸다.

이와 같은 일이 한두 번이 아니었다.

¹¹ 아람 왕은 몹시 화가 나서 신하들을 불러모아 놓고 말했다. "이스라엘 왕에게 정보를 흘리는 자가 누구인지 말하여라! 도대체 우리 가운데 적과 내통하는 자가 누구냐?"

¹² 그의 신하들 중 한 사람이 말했다. "내 주인인 왕이시여, 우리 가운데는 그런 자가 없습니다. 그것은 이스라엘의 예언자 엘리사의 짓입니다. 그가 왕의 모든 말을, 심지어 침실에서 속삭이는 귓속말까지도 다 이스라엘 왕에게 알려 주고 있습니다."

¹³ 왕이 말했다. "가서 그 자가 있는 곳을 알아내라. 내가 사람을 보내 그를 잡고야 말겠다."

그러자 "그가 도단에 있습니다" 하는 보고가 들어왔다.

¹⁴ 왕이 말과 전차를 보냈는데, 엄청난 전투병력이었다. 그들이 밤중에 가서 그 성읍을 포위했다.

¹⁵ 이른 아침에 거룩한 사람의 종이 일어나 밖으로 나가 보니, 말과 전차가 성읍을 포위하고 있었다! 종이 소리를 질렀다. "주인님! 이제 우리는 어찌해야 합니까?"

¹⁶ 엘리사가 말했다. "걱정하지 마라. 우리 편이 그들보다 많다."

¹⁷ 그는 기도했다. "**하나님**, 그의 눈을 열어서 보게 해주십

시오."

청년의 눈이 열리자 그의 눈에 뭔가가 보였다. 놀랍게도, 온 산기슭에 불전차와 불말이 가득하여 엘리사를 둘러싸고 있었다!

18 아람 사람이 공격하자 엘리사가 **하나님**께 기도했다. "저들의 눈을 멀게 해주십시오!" 엘리사의 말대로 **하나님**께서 그들의 눈을 멀게 하셨다.

19 그러자 엘리사가 그들에게 큰소리로 말했다. "그 길이 아니다! 이 성읍이 아니다! 나를 따라오너라. 너희가 찾는 사람에게로 내가 너희를 인도하겠다." 그러고 나서 엘리사는 그들을 사마리아로 인도했다.

20 그들이 성읍에 들어갈 때 엘리사가 기도했다. "**하나님**, 저들의 눈을 열어 여기가 어딘지 보게 해주십시오." **하나님**께서 그들의 눈을 열어 주셨다. 그들이 둘러보니, 비로소 자기들이 사마리아에 갇혔다는 사실을 알게 되었다!

21 이스라엘 왕이 그들을 보고 엘리사에게 말했다. "아버지여, 내가 이 무리를 쳐서 죽여도 되겠습니까?"

22 엘리사가 말했다. "절대로 안됩니다! 왕께서는 그들을 붙잡는 일에 손 하나 까딱하지 않으셨는데, 이제 그들을 죽이려고 하십니까? 안될 말입니다. 그들을 위해 잔치를 베풀고 주인에게로 돌려보내십시오."

23 그래서 왕은 그들을 위해 큰 잔치를 준비했다. 그들을 실컷 먹이고 마시게 한 뒤에 해산시켰다. 그러자 그들은 고향

에 있는 주인에게로 돌아갔다. 이후 다시는 아람의 기습부
대가 이스라엘을 괴롭히지 않았다.

24-25 얼마 후에 이런 일이 있었다. 아람 왕 벤하닷이 군대를
정비하고 사마리아 포위에 나섰다. 그로 인해 극심한 기근
이 발생했다. 음식 값이 천문학적으로 치솟아 나귀 머리 하
나에 팔십 세겔, 야채 한 대접에 오 세겔이었다!

26 하루는 이스라엘 왕이 성벽 위를 걷고 있을 때 한 여인이
소리쳤다. "왕이시여, 도와주십시오!"

27 왕이 대답했다. "**하나님**께서 너희를 돕지 않으시는데, 내
가 무슨 수로 도울 수 있겠느냐? 곡물 창고 일을 돕겠느냐,
아니면 농장 일을 돕겠느냐?"

28-29 그러면서 왕이 말했다. "네 사연이나 들어 보자."
여인이 말했다. "이 여자가 저한테 와서 하는 말이 '네 아들
을 내놓아라. 오늘은 네 아들을 저녁식사로 먹고 내일은 내
아들을 먹자'고 했습니다. 그래서 제 아들을 삶아서 같이 먹
었습니다. 이튿날 제가 이 여자에게 '이제 네 차례다. 저녁
식사로 먹게 네 아들을 데려오라'고 했더니, 이 여자가 자기
아들을 감추어 버렸습니다."

30-31 왕은 그 여인의 사연을 듣고 옷을 찢었다. 그가 성벽 위
를 걸을 때, 모든 사람이 맨살 위에 거친 삼베를 입고 있는
그의 모습을 보았다. 왕이 큰소리로 말했다. "사밧의 아들 엘
리사의 머리가 오늘이 다 가도록 그 어깨 위에 붙어 있으면,

하나님께서 내게 천벌을 내리시고 또 내리시기를 바란다."

³² 엘리사는 집에 앉아 있었고 원로들도 그와 함께 있었다. 왕이 이미 사형 집행인을 보냈으나, 그가 도착하기 전에 엘리사가 원로들에게 말했다. "이 살인자가 내 머리를 베려고 방금 사람을 보낸 것을 아십니까? 사형 집행인이 도착하면 문을 닫아 잠그십시오. 그를 뒤따라오는 그 주인의 발자국 소리가 벌써 저렇게 들리지 않습니까?"

³³ 엘리사가 지시를 내리는 동안, 왕이 나타나서 비난했다. "이 재앙은 **하나님**이 직접 내린 것이다! 다음은 또 무엇이냐? 이제 **하나님**이라면 지긋지긋하다!"

7 ¹ 엘리사가 말했다. "들으십시오! **하나님**의 말씀입니다! 기근은 끝났습니다. 내일 이맘때면 양식이 풍부해져 곡식 가루 한 움큼에 한 세겔, 곡물 두 움큼에 한 세겔이 될 것입니다. 성문 앞 장터가 활기를 되찾을 것입니다."

² 왕을 부축하고 있던 수행원이 거룩한 사람에게 말했다. "지금 우리에게 그 말을 믿으라는 겁니까? 하늘 문이 열려 양식이 쏟아지기라도 한다는 말입니까?"

엘리사가 말했다. "당신이 두 눈으로 보게 될 것이오. 하지만 당신은 한 입도 먹지 못할 것이오."

³⁻⁴ 나병환자 네 사람이 성문 밖에 앉아 있다가 서로 말했다. "우리가 이 죽음의 문턱에 앉아서 무엇을 하고 있는 거지?

우리는 기근에 찌든 성 안에 들어가도 죽고 여기 있어도 죽는다. 그러니 아람 사람의 진에 들어가서 그들에게 자비를 구해 보자. 그들이 받아 주면 우리는 사는 것이고, 죽이면 죽는 것이다. 어차피 잃을 게 없지 않은가."

⁵⁻⁸ 그래서 그들은 해가 진 뒤에 자리에서 일어나 아람 사람의 진으로 갔다. 진 입구에 이른 그들은 깜짝 놀랐다! 진에 사람이 하나도 없었다! 주께서 이미 아람 군대에게 말과 막강한 군대의 진군소리를 듣게 하셨던 것이다. 군인들은 "이스라엘 왕이 우리를 공격하려고 헷 사람의 왕들과 이집트 왕들을 고용했다!"고 서로 말하면서, 겁에 질려 천막과 말과 나귀를 포함한 진 전체를 그대로 버려둔 채 어둠 속으로 죽기 살기로 달아났다. 필사적으로 도망쳤다. 네 명의 나병 환자는 진 안의 한 장막 안으로 들어갔다. 그들은 우선 실컷 먹고 마셨다. 그러고 나서 은과 금과 옷을 가지고 나와 숨겨 두고는, 다른 장막에도 들어가 물건들을 약탈하고 다시 그것을 숨겨 두었다.

⁹ 이윽고 그들이 서로 말했다. "우리가 이러고 있으면 안되지! 오늘은 기쁜 소식이 있는 날인데 우리만 즐기고 있지 않은가! 빈둥대며 아침까지 기다린다면, 우리는 잡혀서 벌을 받을 것이다. 가자! 가서 이 소식을 왕궁에 알리자!"

¹⁰ 그래서 그들은 성문 앞으로 가서 큰소리로 외쳐 상황을 알렸다. "우리가 아람 사람의 진에 갔더니, 그곳이 버려져 있었습니다! 사람 하나 없고 소리 하나 들리지 않았습니다!

말과 나귀는 묶인 채로 버려져 있고, 장막도 그대로 버려져
있었습니다."

11-12 성 문지기들은 왕궁에 그 전말을 알렸다. 왕은 한밤중
에 일어나 신하들에게 말했다. "아람이 한 일을 그대들에게
말하겠소. 그들은 우리가 굶주리고 있다는 것을 알고 있소.
그래서 '저들이 성 밖으로 나오면 생포하고 성을 취하겠다'
는 생각으로 진을 떠나 들판에 숨은 것이오."

13 보좌관 하나가 대답했다. "몇 사람을 보내어 성 안에 남아
있는 말 다섯 마리를 가져오게 하십시오. 무슨 일을 당한다
한들, 온 성에 닥칠 일만 하겠습니까? 사람들을 보내서 어
찌 된 일인지 알아보게 하십시오."

14 그들은 전차 둘과 말들을 가져왔다. 왕은 그들을 아람 군
대 뒤로 보내면서 지시했다. "그들을 정탐하여 무슨 일인지
알아보아라."

15 그들은 요단 강까지 아람 사람의 흔적을 따라갔다. 아람
사람이 겁에 질려 도망치느라 버린 옷이며 장비가 온 길에
흩어져 있었다. 정찰대가 돌아와 왕에게 보고했다.

16 그때부터 백성은 아람 사람의 진을 약탈했다. 하룻밤 사
이에 양식 값이 뚝 떨어져 곡식 가루 한 움큼이나 곡물 두
움큼이 한 세겔에 불과했다. 하나님의 말씀이 그대로 다 이
루어졌다!

17 왕은 자신을 부축하던 수행원에게 명령하여 성문을 관리
하게 했다. 그런데 폭도로 변한 백성이 성문으로 쏟아져 나

오다 그를 밟아 죽였다. 왕이 거룩한 사람을 찾아왔을 때 그가 했던 말 그대로였다.

18-20 그때 거룩한 사람이 왕에게 이렇게 말했었다. "내일 이맘때면 사마리아 성문에서 곡식 가루 한 움큼에 한 세겔, 곡물 두 움큼에 한 세겔이 될 것입니다." 그러자 그 수행원이 빈정대며 "지금 우리에게 그 말을 믿으라는 겁니까? 하늘 문이 열려 양식이 쏟아지기라도 한다는 말입니까?"라고 대답했고, 다시 거룩한 사람이 "당신이 두 눈으로 보게 될 것이오. 하지만 당신은 한 입도 먹지 못할 것이오" 하고 말했다. 그 말이 그대로 이루어져, 결국 그는 백성에게 짓밟혀 죽고 말았다.

8

1-3 전에 엘리사가 죽은 아이를 살린 일이 있었는데, 그 아이의 어머니에게 이렇게 말했었다. "그대는 가족을 데리고 이곳을 떠나 다른 곳으로 가서 사시오. **하나님**께서 이 땅에 기근을 명령하셨으니 기근이 칠 년 동안 계속될 것이오." 여인은 거룩한 사람의 말대로 그곳을 떠났다. 그녀와 가족은 칠 년 동안 블레셋 땅에서 외국인으로 살았다. 그러다가 칠 년이 다 되어서 고향으로 돌아왔다. 여인은 곧바로 왕에게로 가서 자기 집과 밭을 돌려달라고 청했다.

4-5 왕은 거룩한 사람의 종인 게하시와 이야기를 나누던 중이었다. "엘리사가 행했다는 큰일들을 내게 말해 보아라."

그래서 게하시가 죽은 자를 살린 일을 왕에게 이야기하고
있는데, 바로 그때 엘리사가 살린 아이의 어머니가 나타나
자기 집과 농지를 돌려달라고 청한 것이다.

게하시가 말했다. "내 주인인 왕이시여, 이 여인이 바로 그 여
인입니다! 그리고 이 아이가 엘리사가 살린 그 아들입니다!"

⁶ 왕이 그 일을 자세히 알고 싶어 했기 때문에, 여인은 그 이
야기를 왕에게 들려주었다. 왕은 한 관리에게 명령하여 그
여인을 돌보게 하고 이렇게 말했다. "이 여인의 재산을 모두
돌려주고, 여인이 떠난 때부터 지금까지 그 농지에서 거둔
모든 수익도 함께 돌려주어라."

⁷ 엘리사는 다마스쿠스로 갔다. 그때 아람 왕 벤하닷이 병들
어 있었는데, "거룩한 사람이 성읍에 와 있습니다" 하는 말
이 그에게 전해졌다.

⁸ 왕이 하사엘에게 명령했다. "선물을 가지고 가서 거룩한
사람을 만나시오. 그를 통해 '제가 이 병에서 낫겠습니까?'
하고 하나님께 여쭈어 보게 하시오."

⁹ 하사엘이 가서 엘리사를 만났다. 그는 자기가 알고 있는
다마스쿠스의 모든 고급 물품을 가져갔는데, 낙타 사십 마
리에 실을 만큼의 양이었다! 그가 도착해서 엘리사 앞에 서
서 말했다. "당신의 아들 아람 왕 벤하닷이 나를 여기로 보
내어, '제가 이 병에서 낫겠습니까?' 하고 당신에게 물어보
라고 했습니다."

¹⁰⁻¹¹ 엘리사가 대답했다. "가서 '왕께서는 살게 될 테니 걱정하지 마십시오' 하고 전하시오. 하지만 **하나님**께서 내게 보여주셨는데, 사실 그는 죽을 운명이오." 그러더니 엘리사는 하사엘을 뚫어져라 쳐다보며 그의 마음을 읽었다. 하사엘은 속내를 들킨 것 같아 고개를 떨구었다. 그때 거룩한 사람이 눈물을 흘렸다.

¹² 하사엘이 말했다. "내 주인께서 어찌하여 우십니까?"

엘리사가 말했다. "그대가 장차 이스라엘 자손에게 무슨 일을 행할지 내가 알기 때문이오.

그들의 성을 불태우고
젊은이들을 살해하고
아기들을 메어치고
임신부들의 배를 가를 것이오."

¹³ 하사엘이 말했다. "개보다도 나을 것이 없는 제가 어찌 그런 끔찍한 일을 저지른다는 말입니까?"

엘리사가 말했다. "그대가 아람 왕이 될 것을 **하나님**께서 내게 보이셨소."

¹⁴ 하사엘은 엘리사를 떠나 자기 주인에게 돌아갔다. 왕은 "엘리사가 뭐라 했소?" 하고 물었다.

"그가 '왕께서는 살게 될 테니 걱정하지 마십시오' 하고 말했습니다."

¹⁵ 그러나 그 이튿날, 누군가가 무거운 이불에 물을 흠뻑 적셔서 왕의 얼굴을 덮어 질식시켜 죽였다.

그리고 하사엘이 왕이 되었다.

유다 왕 여호람

¹⁶⁻¹⁹ 이스라엘 왕 아합의 아들 요람 오년에, 유다 왕 여호사밧의 아들 여호람이 왕이 되었다. 그는 서른두 살에 왕위에 올라 예루살렘에서 팔 년 동안 다스렸다. 그는 이스라엘 왕들의 삶을 따랐고, 아합 집안과 결혼하여 그 가문의 죄를 이어 갔다. 그는 하나님 보시기에 악했다. 그러나 하나님께서는 그분의 종 다윗을 생각하여 유다를 선뜻 멸하지 않으셨다. 다윗의 자손을 통해 등불이 계속 타오르게 하겠다고 약속하셨기 때문이다.

²⁰⁻²¹ 여호람이 다스리는 동안, 에돔이 유다의 통치에 반기를 들고 자신들의 왕을 세웠다. 그래서 여호람은 전차부대를 거느리고 사일로 갔다.

에돔에게 포위되었지만, 여호람은 한밤중에 전차병들과 함께 전선을 뚫고 나가서 에돔에 큰 타격을 입혔다. 그러나 보병들은 그를 버리고 도망쳤다.

²² 에돔은 오늘까지도 계속해서 유다에 반역하고 있다. 작은 성읍인 립나도 그때 반역했다.

²³⁻²⁴ 여호람의 나머지 생애와 시대, 그의 통치에 대한 기록은 '유다 왕 연대기'에 남아 있다. 여호람은 죽어서 다윗 성

의 가족 묘지에 묻혔다. 그의 아들 아하시야가 뒤를 이어 왕
이 되었다.

유다 왕 아하시야

25-27 이스라엘 왕 아합의 아들 요람 십이년에, 유다 왕 여호
람의 아들 아하시야가 유다의 왕이 되어 다스리기 시작했
다. 아하시야는 스물두 살에 왕위에 올라 예루살렘에서 일
년밖에 통치하지 못했다. 그의 어머니는 이스라엘 왕 오므
리의 손녀 아달랴다. 그는 아합 가문이 행한 대로 살고 다스
렸으며, 하나님 보시기에 악한 죄의 길을 이어 갔다. 결혼이
나 죄짓는 것으로도 아합 가문과 한통속이었다.

28-29 그는 이스라엘 왕 아합의 아들 요람과 연합하여 길르앗
라못에서 아람 왕 하사엘과 전쟁을 벌였다. 활 쏘는 자들이
요람에게 부상을 입혔다. 요람은 하사엘과 싸우다 입은 부
상을 치료하기 위해 이스르엘로 물러났다. 유다 왕 여호람
의 아들 아하시야는 병상에 있는 아합의 아들 요람을 문병
하러 이스르엘로 갔다.

이스라엘 왕 예후

9 1-3 하루는 예언자 엘리사가 한 예언자 수련생에게
명령했다. "너는 기름 한 병을 준비하여 길르앗 라못
으로 가서, 님시의 손자요 여호사밧의 아들인 예후를 찾아
라. 그를 찾거든 동료들로부터 불러내어 뒷방으로 데리고

들어가, 기름병을 꺼내 그의 머리에 붓고 '**하나님**의 말씀이
다. 내가 네게 기름을 부어 이스라엘의 왕으로 삼는다' 하고
말하여라. 그러고 나서 문을 열고 속히 거기서 도망쳐라. 잠
시도 지체해서는 안된다."

4-5 그 젊은 예언자가 길르앗 라못으로 갔다. 그가 도착해 보
니 군지휘관들이 모두 둘러 앉아 있었다. 그가 말했다. "장
군님, 드릴 말씀이 있습니다."

예후가 말했다. "우리 가운데 누구를 말하는 것이오?"

"바로 장군님입니다."

6-10 예후가 일어나 건물 안으로 들어가자, 젊은 예언자가 그
의 머리에 기름을 붓고 말했다. "**하나님** 이스라엘의 하나님
의 말씀이다. 내가 너에게 기름을 부어 **하나님**의 백성 이스
라엘의 왕으로 삼았다. 너의 임무는 너의 주인인 아합 가문
을 치는 것이다. 내가 나의 종 예언자들이 죽임당한 일―이
세벨이 **하나님**의 모든 예언자를 죽인 일―을 되갚아 줄 것
이다. 아합 가문은 모조리 망할 것이다. 그 딱한 무리를 내
가 모두 없애 버릴 것이다. 내가 반드시 아합 가문도 느밧의
아들 여로보암 가문, 아히야의 아들 바아사 가문과 똑같은
운명을 맞게 할 것이다. 이세벨은 죽어서 이스르엘 넓은 들
판에 있는 개들에게 먹힐 것이요, 땅에 묻히지도 못할 것이
다!" 그러고 나서 그는 문을 열고 급히 도망쳤다.

11 예후가 자기 주인의 지휘관들에게로 다시 나가자 그들이 물
었다. "별일 없소? 그 미친 녀석이 그대에게 뭘 원하는 거요?"

그가 말했다. "그런 부류의 인간들이 하는 말은 그대들도 잘 알지 않소."

¹² "어물쩍 넘어갈 생각 마시오!" 그들이 말했다. "무슨 일인 지 우리에게 말해 보시오."

예후가 말했다. "그가 내게 이러저러하게 말하더니, 진정 '하나님의 말씀이다. 내가 네게 기름을 부어 이스라엘의 왕 으로 삼는다!' 하더군요."

¹³ 그러자 그들이 즉각 움직였다. 각 사람이 자기 옷을 집 어서 계단 꼭대기에 쌓아 임시 보좌를 만들고, 나팔을 불며 "예후가 왕이시다!" 하고 선포했다.

¹⁴⁻¹⁵ 그리하여 님시의 손자요 여호사밧의 아들인 예후가 요 람에게 반역하는 모의가 본격적으로 시작되었다.

한편, 요람과 그의 온 군대는 아람 왕 하사엘에 맞서 길르앗 라못을 방어하고 있었다. 그때 요람은 아람 왕 하사엘과의 전투에서 입은 부상을 치료하기 위해 이스르엘로 물러나 있 었다.

예후가 말했다. "그대들이 정말 나를 왕으로 삼기 원한다 면, 누구도 이 성에서 몰래 빠져나가 이스르엘에 이 소식을 알리지 못하게 하시오."

¹⁶ 그런 다음 예후는 전차를 타고 요람이 침상에 누워 요양 중인 이스르엘로 갔다. 마침 유다의 아하시야 왕이 요람을 문병하러 내려와 있었다.

¹⁷ 이스르엘 망대에서 근무중이던 초병이 예후 일행이 오는

것을 보고 말했다. "한 무리의 사람들이 보입니다."

요람이 말했다. "말 탄 병사를 보내 그들을 맞고, 무슨 일이 있는지 묻게 하여라."

¹⁸ 말 탄 병사가 나가서 예후를 맞이하며 말했다. "무슨 일이 있는지 왕께서 알고자 하십니다."

예후가 말했다. "무슨 일이 있든 말든, 그게 너와 무슨 상관이냐? 내 뒤로 물러나거라."

초병이 말했다. "그들에게 간 병사가 돌아오지 않습니다."

¹⁹ 그러자 왕은 두 번째로 말 탄 병사를 보냈다. 병사가 예후에게 이르러 말했다. "무슨 잘못된 일이라도 있는지 왕께서 알고자 하십니다."

예후가 말했다. "잘못된 일이든 아니든, 그게 너와 무슨 상관이냐? 내 뒤로 물러나거라."

²⁰ 초병이 말했다. "그들에게 간 병사가 또 돌아오지 않습니다. 그런데 미친 듯이 전차를 모는 모습이 꼭 님시의 아들 예후 같습니다!"

²¹ 요람이 명령했다. "내 전차를 준비시켜라!" 그들은 그의 전차에 말을 맸다. 이스라엘 왕 요람과 유다 왕 아하시야가 각자 자기 전차를 타고 예후를 만나러 나갔다. 그들은 이스르엘 사람 나봇의 땅에서 마주쳤다.

²² 요람이 예후를 보고 큰소리로 말했다. "좋은 날이요, 예후!"

예후가 대답했다. "좋기는 뭐가 좋다는 말이오? 당신 어머니 이세벨의 음란한 창녀 짓과 주술이 나라를 더럽히고 있

는데, 어찌 좋은 일이 있을 수 있겠소?"

²³ 요람이 전차를 돌려 도망치면서 아하시야에게 외쳤다.
"아하시야, 함정이오!"

²⁴ 예후가 활을 당겨 화살을 쏘자, 화살이 요람의 양 어깨뼈
사이에 맞아 심장을 관통했다. 요람은 전차 안에 쓰러졌다.

²⁵⁻²⁶ 예후가 부관 빗갈에게 명령했다. "어서 그를 이스르엘
사람 나봇의 밭에 던져라. 너와 내가 그의 아버지 아합 뒤에
서 전차를 몰던 때를 기억하느냐? 그때 **하나님**께서 그에게
이렇게 될 운명을 선고하셨다. '내가 어제 살해당한 나봇과
그 아들들의 피를 분명히 보았으니, 네가 정확히 이 땅 위에
서 그 값을 치를 것이다. **하나님**의 말씀이다!' 그러니 그를
들어다 이 밭에 던져 버려라. **하나님**의 말씀이 다 그대로 이
루어졌다!"

²⁷ 유다 왕 아하시야는 사태를 파악하고 벳하간 쪽 길로 도
망쳤다. 예후는 그를 추격하며 외쳤다. "저 자도 잡아라!"
이블르암 근처 구르로 올라가는 언덕에서 예후의 군대가 전
차 안에 있는 아하시야를 찔러 부상을 입혔다. 그는 므깃도
까지 갔으나, 거기서 죽었다.

²⁸ 그의 측근들이 예루살렘까지 전차를 몰고 가서 다윗 성의
가족 묘지에 그를 묻었다.

²⁹ 아합의 아들 요람 왕 십일년에, 아하시야가 유다의 왕이
되었다.

이세벨의 최후

³⁰⁻³¹ 예후가 이스르엘에 도착했다는 말을 들은 이세벨은, 눈 화장을 하고 머리를 만져 단장한 뒤에 유혹하는 모습으로 창가에 서 있었다. 예후가 성문에 들어서자, 그녀는 아래를 내려다보며 외쳤다. "무참하게 왕을 죽인 '시므리' 같은 놈아, 그래 어떠냐?"

³² 예후가 창을 올려다보며 외쳤다. "그 위에 내 편이 될 사람이 있느냐?" 왕궁 내시 두세 명이 내다보았다.

³³ 예후가 "그 여자를 아래로 던져라!" 하고 명령하니, 그들이 이세벨을 들어 창밖으로 던졌다. 그녀의 피가 벽과 말에 튀었고, 예후는 자기가 탄 말의 말발굽으로 그녀를 짓밟았다.

³⁴ 그런 다음 예후는 안으로 들어가 점심을 먹었다. 점심을 먹으면서 그가 명령했다. "저 저주받은 여자를 거두어서 안장해 주어라. 그래도 왕의 딸이 아니더냐."

³⁵⁻³⁶ 그들이 그녀를 묻으러 나갔으나, 두개골과 손발 외에는 남은 것이 없었다. 그들이 돌아와서 예후에게 말하니, 그가 말했다. "**하나님**의 말씀, 곧 디셉 사람 엘리야가 전한 말씀이다.

　이스르엘 밭에서
　개들이 이세벨을 먹을 것이다.
　³⁷ 이세벨의 몸은 이스르엘 땅에서
　개의 배설물처럼 될 것이다.
　옛 친구와 연인들이

'이것이 정말 이세벨이 맞는가?' 하고 말할 것이다."

아합의 자손이 살해되다

10 ¹⁻² 아합의 아들 일흔 명이 아직 사마리아에 살고 있었다. 예후는 사마리아에 있는 이스르엘 관리와 성읍 원로와 아합의 아들들을 맡고 있는 자들 앞으로 편지를 써서 보냈다. 편지 내용은 이러했다.

²⁻³ 이 편지는 정당한 경고요. 그대들은 주인의 자녀들과 전차와 말과 요새와 무기를 책임지고 있소. 주인의 아들들 가운데서 가장 훌륭하고 유능한 사람을 뽑아 왕위에 앉히시오. 그리고 주인의 지위를 위해 싸울 준비를 하시오.

⁴ 그들은 편지를 읽고 완전히 겁에 질려서 말했다. "그가 이미 두 왕을 제거했는데, 우리에게 무슨 희망이 있겠는가?" ⁵ 그래서 그들은 왕궁 관리와 성읍 시장, 원로, 후견인들을 예후에게 보내며 메시지를 전했다. "우리는 당신의 종이니, 당신이 뭐라고 말씀하시든 그대로 행하겠습니다. 우리는 이쪽에서 누구도 왕으로 삼지 않겠습니다. 당신이 책임자입니다. 당신 생각에 좋은 대로 하십시오."

⁶⁻⁷ 그러자 예후가 두 번째 편지를 썼다.

그대들이 내 편이고 기꺼이 내 명령에 따르겠다면, 이렇게 하시오. 주인의 아들들의 목을 베어 내일 이맘때까지 그 머리를 이스르엘에 있는 내게 가져오시오.

왕자들은 일흔 명이었다. 성읍 지도자들이 그들을 돌보고 있었다. 그들은 편지를 받고 나서, 왕자들을 잡아 일흔 명을 모두 죽였다. 그런 다음 그 머리를 광주리에 담아 이스르엘에 있는 예후에게 보냈다.

⁸ 전령이 예후에게 보고했다. "그들이 왕자들의 머리를 가져왔습니다."

그가 말했다. "그 머리들을 두 무더기로 나누어 아침까지 성문 앞에 쌓아 두어라."

⁹⁻¹⁰ 아침에 예후가 백성 앞에 나가 공식적으로 말했다. "여러분이 오늘 **하나님**께서 펼치시는 의로운 일에 참여하고 있다는 것을 알겠습니까? 그렇습니다. 내 주인에게 반역하여 음모를 꾸미고 그를 암살한 사람이 나입니다. 하지만 여기 쌓인 머리들은 누가 한 일이겠습니까? 분명히 아십시오. **하나님**께서 아합 가문의 심판에 대해 하신 말씀이 한 글자도 취소되지 않았다는 것을 지금 여러분의 눈으로 똑똑히 보고 있습니다. **하나님**께서는 엘리야를 통해 말씀하신 일을 그대로 행하셨습니다."

¹¹ 그런 다음 예후는 아합 가문과 조금이라도 관계가 있는 이스르엘 사람을 전부 죽였다. 또 아합 가문의 지도자와 친

구와 제사장들을 모조리 없애 버렸다.

12-13 그 일을 마치자, 예후는 자리를 털고 일어나 사마리아로 떠났다. 가는 길에 목자들의 벳에켓(묶는 집)에서 유다 왕 아하시야의 친척 몇 사람을 만났다.

예후가 말했다. "여러분은 누구시오?"

그들이 말했다. "우리는 아하시야의 친척인데, 왕실 가족모임을 하러 내려왔습니다."

14 "이들을 잡아라!" 예후가 명령했다. 부하들이 그들을 잡아 벳에켓 우물가에서 죽였다. 모두 마흔두 명이었는데, 그들 중 살아남은 자는 아무도 없었다.

15 예후가 거기서 계속 가다가 레갑 사람 여호나답과 마주쳤다. 여호나답은 예후를 만나러 오던 길이었다. 예후가 그에게 인사하며 말했다. "우리가 한편이며 이 일에 한마음이오?"

여호나답이 말했다. "그렇습니다. 믿어 주십시오."

예후가 말했다. "그렇다면 그대의 손을 내미시오."

그들은 악수로 뜻이 같음을 확인했고, 여호나답은 예후가 탄 전차에 올라섰다.

16 예후가 말했다. "나와 함께 가서, **하나님**을 위한 내 열심이 어느 정도인지 보시오." 그들은 함께 전차를 타고 나아갔다.

17 사마리아에 도착하자, 예후는 그곳에 남아 있던 아합과 조금이라도 관계 있는 사람들을 모두 죽였다. **하나님**께서 엘리야에게 말씀하신 대로 수많은 사람들이 죽었다.

18-19 그 후에 예후는 온 백성을 모아 놓고 말했다.

"아합은 바알을 대단찮게 섬겼으나
예후는 확실하게 섬길 것입니다.

바알의 모든 예언자, 바알을 섬긴 모든 사람과 모든 제사장
을 이곳에 모아 주십시오. 내가 바알께 큰 제사를 드리려고
하니, 한 사람도 빠뜨리지 말고 모두 모아 주셔야 합니다.
나타나지 않는 자는 살아남지 못할 것입니다." (물론 예후는
거짓말을 하고 있었다. 그는 바알을 섬기는 자들을 모두 죽일 작
정이었다.)

20 예후가 명령했다. "바알을 위해 거룩한 집회를 준비하여
라." 그러자 집회가 준비되고 날짜가 공포되었다.

21 이어 예후가 이스라엘 모든 사람을 불러 모으자, 나라 안
에 있던 바알을 섬기는 자들이 한 명도 빠짐없이 무리를 지
어 왔다. 그들이 와서 바알 신전을 가득 채웠다.

22 예후가 예복을 관리하는 사람에게 지시했다. "바알의 모
든 종에게 예복을 주어라." 예복을 관리하는 사람이 그들의
예복을 내왔다.

23-24 예후와 레갑 사람 여호나답이 드디어 바알 신전에 들어
가서 말했다. "다시 한번 확인하여 이곳에 하나님을 예배하
는 자가 한 사람도 없게 하십시오. 바알 예배자만 들어올 수
있습니다." 그들은 제물과 번제를 바쳐 예배를 시작했다.
한편, 예후는 바깥에 여든 명을 배치하고 이렇게 명령했다.
"단 한 사람도 도망치게 해서는 안된다. 도망치게 했다가는

자기 목숨으로 대가를 치러야 할 것이다."

25-27 제사 의식을 마친 뒤에, 예후는 지휘관과 호위병들에게 신호를 보냈다. "안으로 들어가서, 한 사람도 살려 두지 말고 모조리 죽여라!"

피비린내 나는 살육이 시작되었다. 지휘관과 호위병들은 시체들을 밖으로 내던지며 바알 산당의 내실로 들어가는 길을 만들었다. 그들은 바알 신전에서 남근 모양의 석상을 끌어내 깨부수었다. 바알의 제단들을 때려 부수고 바알 신전을 허물었다. 그 후로 그곳은 공중화장실이 되었다.

28 그렇게 해서 예후는 이스라엘에서 바알을 완전히 몰아냈다.

29 그 모든 일에도 불구하고, 예후는 느밧의 아들 여로보암의 죄, 곧 이스라엘을 죄악된 삶으로 끌어들인 죄에서는 돌아서지 않았다. 베델과 단의 금송아지들을 남겨 두었던 것이다.

30 **하나님**께서 예후를 칭찬하셨다. "너는, 내가 보기에 일을 가장 잘 처리했다. 아합 가문에 대해 내가 명령한 대로 행했다. 그 상으로 네 자손이 사 대에 걸쳐 이스라엘의 왕위를 차지할 것이다."

31 그러나 그 후로 예후는 주의하여 **하나님**의 길로 가지 않았고, 한마음으로 이스라엘의 하나님을 높이지도 않았다. 그는 이스라엘을 죄악된 삶으로 끌어들인 느밧의 아들 여로보암의 죄에서 돌아서지 않았다.

32-33 **이때부터 하나님**께서 이스라엘을 줄어들게 하셨다. 하

사엘이 요단 강 동쪽에서 이스라엘의 국경을 침략해 왔다.
그는 아르논 시냇가 근처의 아로엘에서부터 길르앗, 갓, 르우
벤, 므낫세의 영토 전역, 곧 길르앗과 바산 전체를 공격했다.
34-36 예후의 나머지 생애와 시대, 그의 업적과 명성은 '이스
라엘 왕 연대기'에 기록되어 있다. 예후는 죽어서 사마리아
의 가족 묘지에 묻혔다. 그의 아들 여호아하스가 뒤를 이어
왕이 되었다. 예후는 사마리아에서 이십팔 년 동안 이스라
엘을 다스렸다.

유다 여왕 아달랴

11

1-3 아하시야의 어머니 아달랴는 아들이 죽은 것
을 보고, 정권을 잡았다. 그녀는 먼저 왕족을
모두 죽이기 시작했다. 그러나 여호람 왕의 딸이요 아하시
야의 누이인 여호세바가 죽을 운명에 처한 왕자들 중에서
아하시야의 아들 요아스를 몰래 빼냈다. 그녀가 아달랴를
피해 요아스와 그 유모를 은밀한 곳에 숨겨서, 요아스는 죽
음을 면할 수 있었다. 요아스는 여호세바와 함께 육 년 동안
하나님의 성전에서 숨어 지냈다. 아달랴는 그가 살아 있는
줄 모른 채 나라를 다스렸다.

4 칠 년째 되던 해에, 여호야다가 사람을 보내 경호대 지휘관
과 왕궁 호위대 지휘관들을 불렀다. 그들은 **하나님**의 성전에
서 여호세바를 만났다. 여호야다는 그들과 언약을 맺고 비밀
을 엄수할 것을 맹세하게 한 뒤, 어린 왕자를 보여주었다.

5-8 그리고 그들에게 명령했다. "여러분은 이렇게 하십시오. 여러분 가운데 안식일에 당번이어서 왕궁을 지키는 자들과 안식일에 비번이어서 **하나님**의 성전을 지키는 자들은 호위병 교대 시간에 무장한 채로 합세하여 어린 왕을 둘러싸십시오. 여러분의 대열을 뚫고 지나가려는 자는 누구를 막론하고 죽여야 합니다. 왕이 출입하실 때에는 언제 어디서나 왕 옆을 지켜야 합니다."

9-11 군지휘관들은 제사장 여호야다의 지시에 따랐다. 각자 안식일에 당번인 부하들과 비번인 부하들을 데리고 제사장 여호야다에게로 왔다. 제사장은 **하나님**의 성전에 보관되어 있던 다윗 왕의 창과 방패로 지휘관들을 무장시켰다. 무장한 호위병들은 왕을 보호하기 위해 성전 한쪽 끝에서 반대쪽 끝까지 저마다 맡은 자리로 가서 제단과 성전을 에워쌌다.

12 그때 제사장이 왕자를 데리고 나와 그에게 왕관을 씌우고, 하나님의 언약이 담긴 두루마리를 준 뒤에 그를 왕으로 세웠다. 그에게 기름을 붓자, 모두가 손뼉을 치며 "요아스 왕 만세!"를 외쳤다.

13-14 아달랴가 호위병들과 백성의 함성을 듣고 **하나님**의 성전에 모여 있는 무리에게로 갔다. 그녀는 왕이 보좌 옆에서 양옆에 군지휘관과 전령의 호위를 받으며 서 있는 모습을 보고 깜짝 놀랐다. 모두 나팔을 불며 크게 기뻐했다. 아달랴는 당황하여 옷을 찢으며 "반역이다! 반역이다!" 하고 소리쳤다.

15-16 제사장 여호야다가 군지휘관들에게 명령했다. "저 여
자를 밖으로 끌어내시오. 저 여자를 따르는 자는 모두 쳐죽
이시오!" (제사장은 "**하나님**의 성전 안에서는 그녀를 죽이지 말
라"고 일러두었다.) 그래서 그들은 그녀를 끌어내어 왕궁 마
구간 앞에서 죽였다.

17 여호야다는 **하나님**과 왕과 백성 사이에 언약을 맺었다.
그들은 이제 **하나님**의 백성이었다. 왕과 백성 사이에도 따
로 언약을 맺었다.

18-20 백성은 바알 신전으로 몰려가 그 신전을 허물고, 제단
과 우상들을 산산이 깨뜨려 부수었다. 제사장 맛단을 제단
앞에서 죽였다.

그런 다음 여호야다는 **하나님**의 성전에 경비병들을 배치했
다. 그는 경호대 지휘관과 왕궁 호위대 지휘관, 그리고 백
성과 함께 왕을 호위하여 **하나님**의 성전에서 내려와 호위대
문을 지나서 왕궁으로 들어갔다. 왕이 왕좌에 앉자 모두가
기뻐했다. 무리가 아달랴를 왕의 검으로 죽인 이후, 그 도성
은 안전하고 평온한 곳이 되었다.

21 요아스가 왕이 되었을 때 그의 나이 일곱 살이었다.

유다 왕 요아스

12 ¹ 예후 칠년에, 요아스가 왕이 되어 예루살렘에
서 사십 년 동안 다스렸다. 그의 어머니는 브엘
세바 출신 시비아(영양)다.

2-3 제사장 여호야다의 가르침을 받은 요아스는 살아 있는 동안 **하나님**을 기쁘게 해드렸다. (그럼에도 다산 산당들은 제거하지 않아서, 백성이 여전히 그곳을 찾아 제사를 지내고 향을 피웠다.)

4-5 요아스가 제사장들에게 지시했다. "**하나님**의 성전에 들어오는 거룩한 헌금, 곧 의무적으로 바치는 헌금과 자원하여 바치는 헌금을 잘 계산하여, 성전 안에 파손된 곳이 있거든 그것으로 보수하시오."

6 그러나 요아스가 왕이 된 지 이십삼 년이 지나도록 제사장들은 아무 일도 하지 않았다. 성전은 전에 없이 황폐해졌다.

7 요아스 왕이 제사장 여호야다와 다른 제사장들을 불러 놓고 말했다. "어찌하여 초라하기 짝이 없는 이 성전을 아직까지 보수하지 않고 있소? 성전 보수를 위해 돈을 거두는 일을 이제 금지하겠소. 이제부터는 들어오는 돈을 모두 넘기도록 하시오."

8 제사장들은 더 이상 돈을 거두거나 성전을 보수하는 일에 관여하지 않기로 했다.

9-16 그러자 여호야다는 궤 하나를 가져다가 뚜껑에 구멍을 뚫어 **하나님**의 성전 정문 오른쪽에 두었다. 문을 지키는 제사장들은 **하나님**의 성전에 가져오는 모든 헌금을 그 궤에 넣었다. 궤 안에 돈이 가득 차면, 왕의 서기관과 대제사장이 궤를 비우고 헌금을 계산하곤 했다. 그들은 계산한 돈을 성

전 사업 관리자들에게 주었고, 그들은 그것을 다시 목수, 건축 일꾼, 석수, 석공, 그리고 **하나님**의 성전 수리와 보수에 쓸 재목과 다듬은 돌을 구입하는 사람들에게 지불했다. 성전 보수에 관계된 모든 비용을 댄 것이다. 그러나 **하나님**의 성전에 들어오는 돈을 예전용 추가물품(은잔, 초의 심지를 자르는 도구, 나팔, 각종 금은 그릇 등)을 구입하는 데는 사용하지 않았다. 장인들에게 주어 **하나님**의 성전 보수에만 쓰게 했다. 또한 이 사업에 쓰는 돈을 취급하는 사람들에 대해 확인할 필요가 없었는데, 그것은 그들이 정직한 사람들이었기 때문이다. 보상 제물과 속죄 제물로 지정된 헌물은 건물 사업에 들어가지 않고 바로 제사장들에게 갔다.

17-18 이즈음 아람 왕 하사엘이 용감히 나아가 가드를 공격하여 그곳을 점령했다. 그는 내친김에 예루살렘도 치기로 했다. 이에 대한 대책으로 유다 왕 요아스는 모든 신성한 기념물—조상인 유다 왕 여호사밧과 여호람과 아하시야가 거룩한 용도로 바친 예물, 자기 자신이 받았던 거룩한 기념물, 성전과 왕궁 창고들에 있는 모든 금까지—을 모아다가 아람 왕 하사엘에게 보냈다. 하사엘은 만족하여 자기 길로 갔고 예루살렘을 공격하지 않았다.

19-21 요아스의 나머지 생애와 시대, 그가 행한 모든 일은 '유다 왕 연대기'에 기록되어 있다. 말년에 그의 신하들이 모의하여, 외곽 요새 성벽의 진입로를 거닐고 있는 요아스를 암살했다. 암살자들은 시므앗의 아들 요사갈과 소멜의 아들

여호사바드였다. 요아스는 그렇게 죽어서 다윗 성의 가족
묘지에 묻혔다. 그의 아들 아마샤가 뒤를 이어 왕이 되었다.

이스라엘 왕 여호아하스

13 ¹⁻³ 유다 왕 아하시야의 아들 요아스 이십삼년에,
예후의 아들 여호아하스가 사마리아에서 이스라
엘의 왕이 되어 십칠 년 동안 다스렸다. 그는 이스라엘을 죄
악된 삶으로 끌어들인 느밧의 아들 여로보암의 길을 그대로
밟았다. 왼쪽으로나 오른쪽으로 치우치는 법도 없이, **하나**
님 앞에서 한결같이 악하게 살았다. **하나님**께서 크게 노하
셔서, 이스라엘을 아람 왕 하사엘과 하사엘의 아들 벤하닷
의 손에 넘기셨다. 그들의 지배는 오랫동안 계속되었다.

⁴⁻⁶ 여호아하스는 **하나님**의 진노가 누그러지기를 기도했고,
하나님께서 그 기도를 들으셨다. 아람 왕의 압제 아래서 이
스라엘이 얼마나 비참해졌는지 그분께서 아셨다. 그래서 **하**
나님께서는 구원자를 보내셔서, 아람의 압제에서 그들을 이
끌어 내게 하셨다. 이스라엘 자손은 다시 고향에서 평화롭
게 살 수 있게 되었다. 하지만 달라진 것은 없었다. 그들은
자신들의 삶을 고치지 않았고, 이제는 이스라엘의 특징이
되어 버린 여로보암의 죄에서 돌아서지 않았다. 사마리아에
여전히 성행하고 있던 아세라의 음란한 종교 산당이 그중
하나였다.

⁷ 하사엘의 압제를 겪고 난 여호아하스의 군대에는 기병 쉰

명과 전차 열 대와 보병 만 명밖에 남지 않았다. 나머지는 아
람 왕에 의해 초토화되어 남은 것이라고는 쭉정이뿐이었다.
8-9 여호아하스의 나머지 생애와 시대, 그의 업적에 대한 기
록은 '이스라엘 왕 연대기'에 남아 있다. 여호아하스는 죽어
서 자기 조상과 함께 사마리아에 묻혔다. 그의 아들 여호아
스가 뒤를 이어 왕이 되었다.

이스라엘 왕 여호아스

10-11 유다의 요아스 왕 삼십칠년에, 여호아하스의 아들 여
호아스가 사마리아에서 이스라엘의 왕이 되어 십육 년 동안
다스렸다. 그는 **하나님** 앞에서 악하게 살았다. 그는 이스라
엘을 죄악된 삶으로 끌어들인 느밧의 아들 여로보암의 죄에
서 한 걸음도 벗어나지 않았다. 그와 똑같은 길을 그대로 걸
었다.
12-13 여호아스의 나머지 생애와 시대, 그의 업적과 유다 왕
아마샤와의 전쟁에 대한 기록은 '이스라엘 왕 연대기'에 남
아 있다. 여호아스는 죽어서 자기 조상에게 돌아갔다. 여로
보암이 그의 왕위를 이어받았다. 여호아스는 사마리아 왕실
묘지에 묻혔다.

14 엘리사가 병이 들었다. 곧 죽게 될 병이었다. 이스라엘 왕
여호아스가 그에게 문병을 갔다. 그는 엘리사를 보더니 흐
느껴 울며 외쳤다. "내 아버지여, 내 아버지여, 이스라엘의

전차와 기병이시여!"

15 엘리사가 그에게 말했다. "가서 활과 화살을 가져오십시오." 왕은 활과 화살을 가져왔다.

16 그러자 엘리사가 왕에게 말했다. "손으로 활을 잡으십시오." 왕이 손으로 활을 잡자, 엘리사가 왕의 손 위에 자기 손을 얹었다.

17 엘리사가 말했다. "이제 동쪽 창문을 여십시오." 왕이 창문을 열었다.

그러자 엘리사가 말했다. "쏘십시오!" 왕이 활을 쏘았다.

엘리사가 큰소리로 말했다. "**하나님**의 구원의 화살입니다! 아람에게서 구하시는 화살입니다! 아람이 하나도 남지 않을 때까지 왕께서 아람과 싸울 것입니다."

18 엘리사가 말했다. "이번에는 다른 화살을 드십시오." 그는 화살을 들었다.

그러자 엘리사가 이스라엘 왕에게 말했다. "바닥을 치십시오." 왕이 바닥을 세 번 치고 그쳤다.

19 거룩한 사람은 왕에게 화를 냈다. "어찌하여 바닥을 대여섯 번 치지 않았습니까? 그랬더라면 아람이 끝장날 때까지 왕께서 아람을 쳐부수었을 것입니다. 그러나 이제 왕은 그를 세 번밖에 물리치지 못할 것입니다."

20-21 그런 다음 엘리사가 죽으니, 사람들이 그를 묻었다.

얼마 후에 모압 부족의 도적떼가, 종종 그랬듯이 그 땅을 침략했다. 하루는 사람들이 어떤 사람의 주검을 묻다가 그 도적떼를 보게 되었다. 그들은 주검을 엘리사의 무덤 속에 던지고 달아났다. 그런데 그 주검이 엘리사의 **뼈**에 닿자, 그 사람이 살아나 일어서서 두 발로 걸어 나왔다.

22-24 아람 왕 하사엘은 여호아하스가 다스리는 동안 계속해서 이스라엘을 괴롭히며 못살게 굴었다. 그러나 **하나님**께서 이스라엘에게 은혜를 베푸시고 그들을 불쌍히 여기셨다. 그분은 아브라함과 이삭과 야곱과 맺은 언약을 기억하셔서 그들과 함께하셨다. 그분은 그들을 포기하지 않으셨고, 오늘까지도 그들을 버리지 않으셨다. 아람 왕 하사엘이 죽고, 그의 아들 벤하닷이 뒤를 이어 왕이 되었다.

25 여호아하스의 아들 여호아스가 상황을 역전시켜, 전에 자기 아버지 여호아하스가 하사엘의 아들 벤하닷에게 빼앗겼던 성읍들을 되찾았다. 여호아스는 세 번 전쟁에 나갔고, 그때마다 그를 물리쳐 이스라엘의 성읍들을 되찾았다.

유다 왕 아마샤

14 1-2 이스라엘 왕 여호아하스의 아들 여호아스 이년에, 요아스의 아들 아마샤가 유다의 왕이 되었다. 그는 스물다섯 살에 왕위에 올라 예루살렘에서 이십구 년 동안 다스렸다. 그의 어머니는 예루살렘 출신 여호앗단이다.

3-4 아마샤는 **하나님**께서 원하시는 모습으로 살며 옳은 일을 행했으나, 조상 다윗의 수준에는 미치지 못했다. 그 대신 그는 자기 아버지 요아스와 아주 비슷하게 살았다. 지역의 음란한 종교 산당들은 여전히 문을 열었고 백성이 자주 그곳을 찾아갔다.

5-6 아마샤는 왕권을 확고히 장악하게 되자, 그의 아버지 요아스를 암살한 왕궁 경비대들을 처형했다. 하지만 암살자들의 자녀는 죽이지 않았는데, 모세에게 계시된 말씀에 기록된 명령—자녀의 죄 때문에 부모를, 부모의 죄 때문에 자녀를 처형하지 말라고 하신 **하나님**의 명령—에 순종했기 때문이다. 이는 각자가 자기 죄값을 직접 치르게 한 것이다.

7 아마샤는 소금 골짜기에서 에돔을 물리치고 만 명을 죽였다. 다른 전투에서 그는 '바위'를 점령하여 그 이름을 욕드엘이라 했는데, 오늘까지 그 이름으로 불린다.

8 하루는 아마샤가 이스라엘 왕 예후의 손자요 여호아하스의 아들인 여호아스에게 사절을 보내 싸움을 걸었다. "와서 나와 한번 겨루어 보겠는가? 어디, 한판 붙어 보자!"

9-10 이스라엘 왕 여호아스는 유다 왕 아마샤에게 회답했다. "하루는 레바논의 엉겅퀴가 레바논의 백향목에게 '네 딸을 내 아들한테 시집보내라' 하고 전갈을 보냈다. 그런데 레바논의 들짐승이 지나가다 엉겅퀴를 밟아 뭉개 버렸다. 네가

전투에서 에돔을 물리쳤다는 이유로 스스로 대단한 줄 아는 모양인데, 으스대는 건 괜찮다만 집에 가만히 있는 편이 좋을 것이다. 욕심을 부리다 일을 그르칠 까닭이 무엇이냐? 네 자신과 유다의 멸망을 자초할 이유가 무엇이냔 말이다!"

¹¹ 그러나 아마샤는 그 말을 듣지 않았다. 그래서 이스라엘 왕 여호아스는 마지못해 유다 왕 아마샤와의 전투에 응했다. 그들은 유다의 한 성읍 벳세메스에서 마주쳤다.

¹² 유다는 이스라엘에 완전히 패했고, 유다의 군사들은 모두 집으로 도망쳤다.

¹³⁻¹⁴ 이스라엘 왕 여호아스는 아하시야의 손자요 요아스의 아들인 유다 왕 아마샤를 벳세메스에서 붙잡았다. 그는 거기서 그치지 않고 예루살렘까지 공격했다. 예루살렘 성벽을 에브라임 문에서 모퉁이 문까지 180미터 정도 허물고, 왕궁과 하나님의 성전에서 금, 은, 비품 등 가져갈 만한 것은 닥치는 대로 약탈했다. 거기다 인질들까지 사로잡아 사마리아로 돌아갔다.

¹⁵⁻¹⁶ 여호아스의 나머지 생애와 시대, 그의 중요한 업적과 유다 왕 아마샤와의 싸움은 '이스라엘 왕 연대기'에 모두 기록되어 있다. 여호아스는 죽어서 사마리아에 있는 이스라엘 왕들의 묘지에 묻혔다. 그의 아들 여로보암이 뒤를 이어 왕이 되었다.

¹⁷⁻¹⁸ 유다 왕 요아스의 아들 아마샤는 이스라엘 왕 여호아하스의 아들 여호아스가 죽은 뒤로도 십오 년 동안 왕으로 다

스렸다. 아마샤의 나머지 생애와 시대는 '유다 왕 연대기'에 기록되어 있다.

19-20 결국 사람들이 예루살렘에서 아마샤에게 반역하는 음모를 꾸몄다. 그는 라기스로 도망쳤다. 그러나 사람들이 라기스까지 쫓아가서 그를 죽였다. 그들은 아마샤를 말에 싣고 돌아와, 예루살렘에 있는 다윗 성에 그의 조상과 함께 묻었다.

21-22 유다 백성은 만장일치로 당시 열여섯 살밖에 되지 않았던 아사랴를 택하여 그의 아버지 아마샤의 뒤를 이어 왕이 되게 했다. 아버지가 죽은 뒤에, 아사랴는 엘랏을 재건하여 유다에 귀속시켰다.

이스라엘 왕 여로보암 2세

23-25 유다의 요아스 왕의 아들 아마샤 십오년에, 여호아스의 아들 여로보암이 사마리아에서 이스라엘의 왕이 되어 사십일 년 동안 다스렸다. **하나님** 보시기에 그는 이스라엘을 죄악된 삶으로 끌어들인 느밧의 아들 여로보암의 모든 죄에서한 걸음도 벗어나지 않고 악하게 살았다. 그러나 그는 이스라엘 국경을 북쪽 끝의 르보하맛까지 그리고 남쪽의 사해까지 회복했다. 이것은 **하나님** 이스라엘의 하나님께서 가드헤벨 출신의 예언자, 곧 그분의 종 아밋대의 아들 요나를 통해 선언하신 대로 이루어진 것이다.

26-27 **하나님**께서는 이스라엘의 괴로움을, 그 쓰라린 시련을 다 아셨다. 종이든 일반 백성이든 예외가 없었고, 구원의 희망은 어느 곳에도 보이지 않았다. 하지만 **하나님**께서는 아직 이스라엘의 이름을 역사에서 지우실 마음이 없으셨다. 그래서 여호아스의 아들 여로보암을 사용하여 그들을 구원하셨다.

28-29 여로보암의 나머지 생애와 시대, 그의 승전과 유다에 속했던 다마스쿠스와 하맛을 되찾은 일, 이 모두가 '이스라엘 왕 연대기'에 기록되어 있다. 여로보암은 죽어서 자기 조상과 함께 왕실 묘지에 묻혔다. 그의 아들 스가랴가 뒤를 이어 왕이 되었다.

유다 왕 아사랴(웃시야)

15 1-5 이스라엘의 여로보암 왕 이십칠년에, 아마샤의 아들 아사랴가 유다의 왕이 되었다. 그는 열여섯 살에 왕위에 올라, 예루살렘에서 오십이 년 동안 다스렸다. 그의 어머니는 예루살렘 출신 여골리야다. 그는 아버지 아마샤를 본받아 **하나님** 보시기에 바르게 행했다. 그러나 그 또한 지역의 음란한 종교 산당들은 없애지 못했다. 그곳은 여전히 백성에게 인기가 좋았다. **하나님**께서 왕에게 악성 피부병이 걸리게 하셔서, 죽는 날까지 그를 괴롭게 하셨다. 그는 왕궁에 살았지만 더 이상 왕노릇을 할 수 없었다. 그의 아들 요담이 정부를 지휘하며 나라를 다스렸다.

6-7 아사랴의 나머지 생애와 시대, 그가 이룬 모든 일은 '유다 왕 연대기'에 기록되어 있다. 아사랴는 죽어서 자기 조상과 함께 다윗 성에 묻혔다. 그의 아들 요담이 뒤를 이어 왕이 되었다.

이스라엘 왕 스가랴

8-9 유다의 아사랴 왕 삼십팔년에, 여로보암의 아들 스가랴가 사마리아에서 이스라엘의 왕이 되어 여섯 달 동안 다스렸다. 그는 자기 조상과 다름없이 **하나님** 앞에서 악하게 살았다. 그는 이스라엘을 죄악된 삶으로 끌어들인 느밧의 아들 여로보암의 길을 이어 갔다.

10 야베스의 아들 살룸이 반역 음모를 꾸며, 사람들이 보는 앞에서 그를 죽이고 왕이 되었다.

11-12 스가랴의 나머지 생애와 시대는 '이스라엘 왕 연대기'에 분명히 기록되어 있다. 이로써 **하나님**께서 예후에게 주신 "네 자손이 사 대에 걸쳐 이스라엘의 왕위에 앉을 것이다"라고 하신 말씀이 이루어졌다. 스가랴가 사 대째였다.

이스라엘 왕 살룸

13 유다의 아사랴 왕 삼십구년에, 야베스의 아들 살룸이 이스라엘의 왕이 되었다. 그는 사마리아에서 겨우 한 달 동안 왕으로 있었다.

14 가디의 아들 므나헴이 디르사에서 사마리아로 올라와, 야

베스의 아들 살룸을 공격하여 죽이고 왕이 되었다.

15 살룸의 나머지 생애와 시대, 그가 꾸민 음모 이야기는 '이스라엘 왕 연대기'에 기록되어 있다.

이스라엘 왕 므나헴

16 디르사에 기반을 둔 므나헴은 왕권을 잡자마자 딥사를 쳐부수고, 그 성읍뿐 아니라 근교까지 전부 파괴했다. 이는 그들이 두 팔 벌려 그를 환영하지 않았기 때문이다. 그는 잔인하게도 모든 임신부의 배를 갈랐다.

17-18 유다의 아사랴 왕 삼십구년에, 가디의 아들 므나헴이 이스라엘의 왕이 되어 사마리아에서 십 년 동안 다스렸다. **하나님** 보시기에 그는 악하게 살았다. 그는 이스라엘을 죄악된 삶으로 끌어들인 느밧의 아들 여로보암의 죄를 하나씩 그대로 되풀이했다.

19-20 그때 앗시리아 왕 디글랏빌레셀 3세가 나타나 그 땅을 공격했다. 그러나 므나헴은 그와 거래를 했다. 37톤가량의 은을 넘겨주고 그의 지지를 얻어 낸 것이다. 므나헴은 돈을 조달하기 위해 이스라엘의 모든 지주로 하여금 앗시리아 왕에게 50세겔씩 바치게 했다. 앗시리아 왕은 그것에 만족하여 그 땅을 떠났다.

21-22 므나헴의 나머지 생애와 시대, 그가 행한 모든 일은 '이스라엘 왕 연대기'에 기록되어 있다. 므나헴은 죽어서 자기 조상에게 돌아갔다. 그의 아들 브가히야가 뒤를 이어 왕이

되었다.

이스라엘 왕 브가히야

²³⁻²⁴ 유다의 아사랴 왕 오십년에, 므나헴의 아들 브가히야가
이스라엘의 왕이 되어 사마리아에서 이 년 동안 다스렸다.
하나님 보시기에 그는 악하게 살았다. 그는 이스라엘을 죄
악된 삶으로 끌어들인 느밧의 아들 여로보암의 오래된 죄의
길에서 떠나지 않았다.

²⁵ 그러다가 그의 군보좌관인 르말랴의 아들 베가가 반역 음
모를 꾸며, 사마리아에 있는 왕궁 막사에서 그를 무참히 죽이
고 아르곱과 아리에도 죽였다. 갓 지파 사람 쉰 명이 그의 음
모에 가담했다. 그는 왕을 죽이고 그 뒤를 이어 왕이 되었다.

²⁶ 브가히야의 나머지 생애와 시대, 그가 행한 모든 일은 '이
스라엘 왕 연대기'에 기록되어 있다.

이스라엘 왕 베가

²⁷⁻²⁸ 유다의 아사랴 왕 오십이년에, 르말랴의 아들 베가가
사마리아에서 이스라엘의 왕이 되어 이십 년 동안 다스렸
다. **하나님** 보시기에 그는 악하게 살았다. 그는 이스라엘을
죄악된 삶으로 끌어들인 느밧의 아들 여로보암이 닦아 놓은
길에서 조금도 벗어나지 않았다.

²⁹ 이스라엘의 베가 왕이 다스리는 동안, 앗시리아 왕 디글
랏빌레셀 3세가 그 땅을 침략했다. 그는 이욘, 아벨벳마아

가, 야노아, 게데스, 하솔, 길르앗, 갈릴리와 납달리 온 땅을
점령하고 모든 사람을 포로로 잡아 앗시리아로 끌고 갔다.
³⁰ 그때 엘라의 아들 호세아가 르말랴의 아들 베가를 상대로
반역 음모를 꾸몄다. 그는 베가를 암살하고 왕이 되었다. 웃
시야의 아들 요담 이십년에 일어난 일이다.
³¹ 베가의 나머지 생애와 시대, 그가 행한 모든 일은 '이스라
엘 왕 연대기'에 기록되어 있다.

유다 왕 요담

³²⁻³⁵ 이스라엘의 르말랴 왕의 아들 베가 이년에, 웃시야의
아들 요담이 유다의 왕이 되었다. 그는 스물다섯 살에 왕위
에 올라 예루살렘에서 십육 년 동안 다스렸다. 그의 어머니
는 사독의 딸 여루사다. 그는 아버지 웃시야를 본받아 하나
님 보시기에 바르게 행했다. 그러나 백성이 지역의 음란한
종교 산당들을 오가는 일에는 간섭하지 않아서, 백성이 계
속해서 그곳을 드나들었다. 하나님의 성전에 있는 높은 문
은 그가 건축한 것이다.
³⁶⁻³⁸ 요담의 나머지 생애와 시대, 그가 행한 일에 대한 기록
은 '유다 왕 연대기'에 남아 있다. 바로 이때부터 하나님께서
아람 왕 르신과 르말랴의 아들 베가를 보내어 유다를 공격
하게 하셨다. 요담은 죽어서 자기 조상에게 돌아갔다. 사람
들이 그를 다윗 성의 가족 묘지에 묻었다. 그의 아들 아하스
가 뒤를 이어 왕이 되었다.

유다 왕 아하스

16
¹⁻⁴ 르말랴의 아들 베가 십칠년에, 요담의 아들 아하스가 유다의 왕이 되었다. 아하스는 스무 살에 왕위에 올라 예루살렘에서 십육 년 동안 다스렸다. 그는 **하나님** 보시기에 바르게 행하지 못했고, 조상 다윗을 전혀 본받지 않았다. 오히려 그는 이스라엘 왕들의 길을 따랐다. 심지어는 "자기 아들을 불 가운데로 지나게 하는" 극악무도한 행위까지 일삼았다. 그는 참으로 가증한 행위를 **하나님**께서 일찍이 그 땅에서 쫓아내신 이방인들에게서 배웠다. 또한 사방 곳곳에서 성행하는 지역의 음란한 종교 산당들의 활동에도 참여했다.

⁵ 그때 아람 왕 르신과 이스라엘 왕 르말랴의 아들 베가가 연합하여 아하스가 있는 예루살렘을 공격하고 그 성을 포위했으나, 정복하지는 못했다.

⁶ 비슷한 시기에 에돔 왕은 다른 곳을 침략하여 엘랏 포구를 되찾고 유다 사람들을 쫓아냈다. 에돔 사람은 엘랏을 점령한 이후 오늘까지 그곳에 살고 있다.

⁷⁻⁸ 아하스는 앗시리아 왕 디글랏빌레셀에게 사절을 보내어 이런 메시지를 전했다. "나는 왕의 신하요 왕의 아들입니다. 오셔서 나를 아람 왕과 이스라엘 왕의 무자비한 침략에서 구해 주십시오. 그들이 지금 나를 공격하고 있습니다." 아하스는 왕궁과 **하나님**의 성전 보물 보관소에서 금과 은을 강제로 꺼내어 앗시리아 왕에게 뇌물로 보냈다.

⁹ 앗시리아 왕은 이에 응하여 다마스쿠스를 공격하고 점령했다. 그는 사람들을 포로로 사로잡아 니느웨로 이주시켰다. 그리고 르신을 죽였다.

¹⁰-¹¹ 아하스 왕은 앗시리아 왕 디글랏빌레셀을 만나러 다마스쿠스로 갔다. 그는 다마스쿠스에 있는 제단을 보고 큰 감동을 받았다. 그는 그 제단의 도면과 청사진 일체를 제사장 우리야에게 보냈다. 제사장 우리야는 아하스 왕이 다마스쿠스에서 보내 온 규격대로 제단을 만들었다. 왕이 다마스쿠스에서 돌아오기 전에 우리야는 제단을 모두 완성했다.

¹²-¹⁴ 왕은 제단을 보고 경건한 마음으로 다가가, 각종 제물을 갖추고 예배를 준비했다. 연기 자욱한 번제물, 곡식 제물, 부어 드리는 제물, 화목 제물로 뿌리는 피 등 빠진 것이 없었다. 그러나 그는 **하나님**의 임재의 증표인 옛 청동제단을 가운데 자리에서 옮겨, 자신이 세운 새 제단 옆으로 밀어 두었다.

¹⁵ 아하스 왕은 제사장 우리야에게 명령했다. "이제부터는 아침의 번제물, 저녁의 곡식 제물, 왕의 번제물과 곡식 제물, 백성의 번제물과 곡식 제물과 부어 드리는 제물까지 모든 제물을 새 제단, 큰 제단에서 바치시오. 번제물과 희생 제물의 모든 피를 이 제단에 뿌리시오. 옛 청동제단은 내가 개인적으로 쓸 것이오."

¹⁶ 제사장 우리야는 아하스의 명령을 그대로 따랐다.

¹⁷-¹⁸ 아하스 왕은 성전 가구에서 청동을 모두 압수했다. 성

전 비품에서 청동을 벗기고, 커다란 대야 곧 바다를 떠받치고 있는 네 마리 청동황소까지 훔치고, 바다는 예법을 무시한 채 돌바닥 위에 놓았다. 마지막으로, 그는 성전 안에 있는 물건 중에서 앗시리아 왕의 비위에 거슬릴 만한 것들을 모두 치웠다.

19-20 아하스의 나머지 생애와 시대는 '유다 왕 연대기'에 기록되어 있다. 아하스는 죽어서 자기 조상과 함께 다윗 성에 묻혔다. 그의 아들 히스기야가 뒤를 이어 왕이 되었다.

이스라엘 왕 호세아

17

1-2 유다의 아하스 왕 십이년에, 엘라의 아들 호세아가 이스라엘의 왕이 되어 사마리아에서 구년 동안 다스렸다. **하나님** 보시기에 그는 악하게 살았으나 선왕들만큼 악하지는 않았다.

3-5 그때 앗시리아 왕 살만에셀이 공격해 왔다. 호세아는 이미 앗시리아 왕의 꼭두각시로, 정기적으로 그에게 조공을 바치고 있었다. 살만에셀은 호세아가 몰래 이집트 왕 소와 손잡고 반역을 꾸미고 있다는 것을 알게 되었다. 더구나 호세아는 앗시리아에 보내야 할 연례 조공의 기한을 한참 넘기고 있었다. 그래서 앗시리아 왕은 그를 잡아 감옥에 가두고, 온 나라를 침략해 왔다. 그는 사마리아를 포위 공격했는데, 공격이 삼 년간 계속되었다.

6 호세아 구년에, 앗시리아 왕이 사마리아를 점령하고 백성

을 포로로 잡아 앗시리아로 끌고 갔다. 그는 그들을 할라, 하볼 강가의 고산, 메대 사람들의 여러 성읍으로 이주시켰다.

7-12 그들이 포로로 끌려간 것은 죄 때문이었다. 이스라엘 자손은 자신들을 이집트와 바로 왕의 가혹한 압제에서 구해 낸 **하나님** 그들의 하나님께 죄를 지었다. 그들은 다른 신들과 친해졌고, **하나님**께서 쫓아내신 이방 나라들의 생활방식에 빠져들었으며, 왕들이 하는 대로 무엇이든 따라 했다. 그들은 남몰래 **하나님**을 거스르는 온갖 일들을 행했고, 파렴치하게도 어디든 자리만 있으면 공공연히 음란한 종교 산당들을 지었다. 그들은 거의 모든 교차로에 음란한 종교 상징물을 세웠다. 어디를 둘러보아도 그들이 이방 신들에게 바치는 제사의 연기가 피어올랐다. 전에 이방 나라들을 포로 신세로 전락하게 만든 바로 그 제사였다. 그들은 온갖 악한 짓을 저질렀다. "절대 그러지 말라!"는 하나님의 명령이 있었음에도 마른 나무를 깎거나 흙을 빚어 만든 신들을 고집스레 숭배했고, 결국 **하나님**께서는 더 이상 그들을 참아 낼 수 없으셨다.

13 그동안 **하나님**께서 수없이 많은 거룩한 예언자와 선견자들을 보내, 이스라엘과 유다에 맞서 몇 번이나 분명히 말씀하셨다. "너희는 악한 생활방식에서 돌아서라. 내가 명령하는 대로 행하여라. 내가 너희 조상에게 명령했고, 그 뒤로도 내 종 예언자들을 통해 누누이 일깨워 준 그 계시대로 행하여라."

¹⁴⁻¹⁵ 그러나 그들은 듣지 않았다. 어떻게 그럴 수 있을까 싶을 만큼, 그들은 고집불통인 그들의 조상보다 더한 고집을 부렸다. 그들은 하나님의 지침, 곧 그분이 그들의 조상과 맺으신 엄숙하고 거룩한 언약을 거듭 일깨워 주는 경고를 업신여겼다. 주변의 이방 민족들처럼 "아무것도 아닌" 삶을 살았고 "아무것도 아닌 자들"이 되었다. 그들은 "하지 말라!"는 하나님의 경고를 받을 만큼 받았으나, 그것을 무시했다.

¹⁶⁻¹⁷ 그들은 하나님 그들의 하나님께서 하신 모든 말씀을 버리고, 하나님 대신 수송아지 형상의 두 신상과 창녀 여신 아세라를 위한 남근 목상을 섬겼다. 그들은 우주의 하늘 신과 여신을 숭배하고, 바알의 음란한 종교 산당들에 자주 드나들었다. 급기야는 자신들의 자녀를 불살라 제물로 바치는 지경에까지 이르렀다! 그들은 마법과 주술에 빠져들었다. 한마디로 그들은 온갖 악한 일로 스스로를 더럽혔다. 결국 하나님께서는 더 이상 참을 수가 없으셨다.

¹⁸⁻²⁰ 하나님께서 매우 진노하셔서 그들을 없애 버리고 그 땅에서 영원히 몰아내시니, 오직 유다 지파만 남았다. (사실 유다도 크게 나을 것은 없었다. 유다도 하나님의 명령을 지키지 않았고, 이스라엘이 택한 것과 똑같은 생활방식에 빠져들었다.) 하나님께서 이스라엘과 관계된 자들을 모두 버리셨고, 그들의 삶을 괴롭게 하셨으며, 침략자들에게 착취당하도록 내버려 두셨다. 그리고 마침내 그들을 눈앞에서 쫓아내셨다.

²¹⁻²³ 전에 하나님께서 이스라엘을 다윗 가문에서 찢어 내실 때에 그들은 느밧의 아들 여로보암을 왕으로 삼았고, 여로보암은 이스라엘을 타락하게 만들었다. **하나님**을 섬기지 못하게 내몰고, 총체적인 죄악으로 끌어들였다. 이스라엘 자손은 조금도 저항하지 않고 여로보암의 모든 죄를 그대로 따라 했다. 결국 **하나님**께서는 이스라엘을 거절하시고 그들에게서 등을 돌리셨다. 그분께서는 그분의 종인 예언자들의 설교를 통해 그들에게 타당한 경고와 함께 충분한 시간을 주셨으나, 결국에는 이스라엘을 앗시리아에 포로로 보내셨다. 그래서 그들은 오늘까지 그곳에 있다.

²⁴⁻²⁵ 앗시리아 왕은 포로로 잡혀간 이스라엘 백성을 대신하여 바빌론, 구다, 아와, 하맛, 스발와임에서 사람들을 데려다가 사마리아 성읍들에 이주시켰다. 그들은 그곳이 자기 소유인 것처럼 이주해 들어와서 정착했다. 앗시리아 사람들이 처음 들어올 때, 그들에게 **하나님**은 또 하나의 신에 지나지 않았다. 그들은 그분을 높이지도 않고 예배하지도 않았다. 그래서 **하나님**께서는 그들 사이로 사자들을 보내셔서 사람들을 물어 죽이게 하셨다.

²⁶ 그러자 이 일이 앗시리아 왕에게 전해졌다. "왕께서 사마리아의 성읍으로 데려온 사람들은 이 땅의 신이 그들에게 무엇을 바라는지 모릅니다. 그래서 그 신이 사자들을 보내어 사람들을 닥치는 대로 물어 죽이게 한 것입니다. 이 땅의 신

이 그들에게 무엇을 바라는지 아무도 모르기 때문입니다."

27 앗시리아 왕이 명령했다. "그 지역에서 포로로 끌려온 제
사장 몇 사람을 돌려보내라. 그들이 돌아가 거기 살면서, 그
땅의 신이 그들에게 무엇을 바라는지 가르치게 하여라."

28 사마리아에서 포로로 잡혀 와 있던 제사장들 가운데 한
사람이 돌아가 베델로 이주했다. 그는 그들에게 하나님을
높이고 예배하는 법을 가르쳤다.

29-31 하지만 앗시리아가 이주시킨 각 민족은 그들의 신들을
만들어, 사마리아 사람들이 남기고 간 지역의 음란한 종교
산당들 안에 세웠다. 각 민족마다 입맛에 맞는 지역 신이 있
었다.

> 바빌론 사람은 숙곳브놋
> 구다 사람은 네르갈
> 하맛 사람은 아시마
> 아와 사람은 닙하스와 다르닥
> 스발와임 사람은 아드람멜렉과 아남멜렉(그들은 자녀를 불
> 살라서 이 신들에게 희생 제물로 바쳤다!)

32-33 그들은 하나님을 높이고 예배했으나, 하나님만 섬기지
는 않았다. 또 자격과 상관없이 온갖 사람들을 제사장으로
임명하여, 지역에 있는 다산의 산당들에서 갖가지 의식을
거행하게 했다. 그들은 하나님을 높이고 예배했으나, 그들

이 살다 온 지역의 옛 신들을 섬기는 일도 버리지 않았다.

³⁴⁻³⁹ 그들은 오늘까지도 옛 관습을 따르고 있다. 향수를 불러일으키는 옛 신이면 무엇이든 예배한다. 그들은 **하나님**을 진정으로 예배하지 않는다. 어떻게 행동하고 무엇을 믿어야 할지에 대해서 그분이 하시는 말씀, 그분이 이스라엘로 이름 지어 주신 야곱의 자손에게 계시해 주신 말씀을 진지하게 여기지 않는다. **하나님**은 그분의 백성과 언약을 맺으시며 이렇게 명령하셨다. "다른 신들을 높이지 마라. 그들을 예배하지 말고 그들을 섬기지 말며, 그들에게 제사 지내지 마라. **하나님** 곧 큰 능력으로 너희를 친히 이집트에서 구해 내신 그 하나님을 예배하여라. 그분을 공경하고 경외하여라. 그분을 예배하여라. 그분께 제사를 드려라. 오직 그분께만! 무엇을 믿고 어떻게 행동해야 할지 그분이 가르치신 것, 너희를 위해 기록해 두신 모든 것을 너희가 사는 날 동안 행하여라. 너희는 어떤 경우에도 다른 신들을 예배해서는 안 된다! 그분이 너희와 맺으신 언약에서 너희가 지켜야 할 것을 잊지 마라. 다른 신들을 예배하지 마라! **하나님**, 오직 **하나님**만 예배하여라. 너희를 원수의 압제에서 구원하실 이는 바로 그분이시다."

⁴⁰⁻⁴¹ 그러나 그들은 전혀 신경 쓰지 않았다. 그들은 늘 하던 대로, 겉으로는 **하나님**을 예배하면서, 동시에 자신들의 지역 신들을 섬겼다. 그들의 자녀들도 조상이 한 일을 오늘까지 그대로 따르고 있다.

유다 왕 히스기야

18
 ¹⁻⁴ 이스라엘의 엘라 왕의 아들 호세아 삼년에, 아하스의 아들 히스기야가 유다의 왕이 되었다. 그는 스물다섯 살에 왕위에 올라 예루살렘에서 이십구 년 동안 다스렸다. 그의 어머니는 스가랴의 딸 아비야다. **하나님** 보시기에 그는 선한 왕이었다. 그는 조상 다윗을 그대로 본받았다. 지역에 있는 다산의 산당들을 없애고, 남근 석상들을 깨부수고, 음란한 여신 아세라의 목상을 베었다. 결정적으로 그는 모세가 만들었던 옛 청동뱀을 가루로 만들었다. 당시 이스라엘 백성 사이에는 그 뱀에게 제사하는 풍습이 있었다. 그들은 그것을 느후스단(옛 뱀)이라는 이름으로 부르며 고상하게 여기기까지 했다.

⁵⁻⁶ 히스기야는 이스라엘의 **하나님**을 온전히 신뢰했다. 그와 같은 왕은 전에도 없었고 후에도 없었다. 그는 **하나님**을 꼭 붙들고—잡은 손을 절대 놓지 않고—그분이 모세에게 명령하신 모든 말씀에 그대로 순종했다. **하나님**께서는 그를 저버리지 않으시고 그가 행하는 모든 일에 함께하셨다.

⁷⁻⁸ 그는 앗시리아 왕에게 반기를 들었다. 더 이상 그를 섬기지 않기로 결단했다. 그는 또 전초기지와 요새 성읍에 있던 블레셋 사람을 가사와 그 국경까지 쫓아냈다.

⁹⁻¹¹ 히스기야 사년, 이스라엘 왕 엘라의 아들 호세아 칠년에, 앗시리아 왕 살만에셀이 사마리아를 공격했다. 그는 그곳을 포위하여 삼 년 만에 점령했다. 이때는 히스기야 육년,

곧 호세아 구년이었다. 앗시리아 왕은 이스라엘 사람을 포로로 잡아 할라, 하볼 강가의 고산, 메대 사람의 여러 성읍으로 이주시켰다.

¹² 이 모든 일은 그들이 **하나님**의 음성을 듣지 않고, 경솔하게 그분의 언약을 멸시했기 때문에 일어났다. 그들은 **하나님**의 종 모세가 명령한 것을 한 마디도 듣지 않았고 행하지도 않았다.

¹³⁻¹⁴ 히스기야 왕 십사년에, 앗시리아 왕 산헤립이 유다 외곽의 요새 성읍을 공격하여 모두 점령했다. 히스기야 왕은 라기스 본부에 있는 앗시리아 왕에게 메시지를 보냈다. "내가 잘못했습니다. 군대를 후퇴시켜 주십시오. 당신이 정하시는 대로 조공을 바치겠습니다."

¹⁴⁻¹⁶ 앗시리아 왕은 유다의 히스기야 왕에게 은 11톤과 금 1톤을 조공으로 요구했다. 히스기야는 **하나님**의 성전과 왕궁 보물 보관소에 있던 은을 모두 넘겼다. 히스기야는 **하나님**의 성전 문과 자기가 금을 입혔던 문기둥까지 뜯어서 앗시리아 왕에게 주었다.

¹⁷ 그러자 앗시리아 왕은 군 최고지휘관 세 사람(다르단, 랍사리스, 랍사게)에게 막강한 병력을 주어서 라기스에서부터 히스기야 왕이 있는 예루살렘으로 보냈다. 예루살렘에 도착한 그들은 빨래터로 가는 길에 있는 '윗저수지' 수로에 멈추었다.

¹⁸ 그들이 큰소리로 왕을 부르자, 왕궁을 책임지고 있는 힐

기야의 아들 엘리아김과 왕의 서기관 셉나, 궁중 사관 아삽의 아들 요아가 그들을 맞으러 나갔다.

19-22 셋째 지휘관인 랍사게가 앗시리아 왕의 대변인 역할을 했다. 그가 말했다. "히스기야에게 전하여라. 위대한 왕이신 앗시리아 왕의 메시지다. '너는 지금 거짓의 세계, 종교적 환상의 세계에 살고 있다. 고작 말 몇 마디로 군사 전략과 병력을 대신할 수 있다고 보느냐? 이제 네가 내게 반역했으니 누구의 도움을 바랄 수 있겠느냐? 너는 이집트가 도와줄 줄로 알았겠지만, 이집트는 종이호랑이에 지나지 않아서 바람 한번 불면 쓰러진다. 이집트 왕 바로는 속빈 강정이다. 아니면 너희가 "우리는 **하나님**을 의지한다"고 말하겠느냐? 하지만 히스기야, 너는 사람들이 하나님께 갈 수 있는 길을 이미 없애 버렸다. 유다와 예루살렘의 모든 사람에게 "너희는 예루살렘 제단에서만 예배해야 한다"고 명령하면서, 지역에 있는 하나님의 산당을 모두 없애지 않았느냐?'

23-24 그러니 이치에 맞게 생각해 보아라. 내 주인 앗시리아 왕과 겨루어 보는 건 어떠냐. 네가 말 타는 사람들을 내놓을 수 있다면, 내가 네게 말 이천 마리를 주겠다. 내놓을 수 없다고? 그러면서 어떻게 내 주인의 군대중에서 신병 하나라도 칠 수 있겠느냐? 너는 언제까지 그 공상을 붙들고 있을 셈이냐? 언제까지 이집트 전차와 말들에 의존할 셈이냐?

25 너는 내가 **하나님**의 허락 없이 이 땅을 멸하러 왔다고 생각하느냐? 사실은 **하나님**께서 내게 '이 땅을 공격하여 멸하

라!'고 분명히 명령하셨다."

²⁶ 힐기야의 아들 엘리아김과 셉나와 요아가 랍사게에게 말했다. "우리가 아람 말을 알아들으니, 제발 아람 말로 말씀하십시오. 히브리 말로 말씀하지 말아 주십시오. 성벽 위에 가득 모인 사람들이 당신의 말을 듣겠습니다."

²⁷ 그러자 랍사게가 말했다. "이것은 너희의 주인과 너희에게만 전하는 사적인 전갈이 아니다. 들릴 만한 거리에 있는 사람이면 누구나 들어야 할 공적인 메시지다. 어차피 그들과도 관계된 일이 아니냐. 네가 항복하지 않으면, 그들도 너희와 함께 자기 똥을 먹고 자기 오줌을 마시게 될 것이다."

²⁸⁻³² 그러더니 그는 앞으로 나아와 모두에게 들릴 만큼 크게 히브리 말로 말했다. "위대한 왕이신 앗시리아 왕의 말씀을 잘 들어라. '히스기야에게 속지 마라. 그는 너희를 구원할 수 없다. 히스기야가 "**하나님**께서 우리를 구원하실 것입니다. 이 성은 절대로 앗시리아 왕의 손에 넘어가지 않을 것입니다" 하며 **하나님**을 신뢰하자고 말하지 못하게 하여라. 히스기야의 말에 귀를 기울이지 마라. 그는 자기가 무슨 말을 하는지도 모른다.' 앗시리아 왕의 말씀을 들어라. '내 통치를 받아들여 행복한 삶을 살아라. 내가 너희 모두에게 각자의 토지와 밭과 우물을 보장하겠다! 내가 너희를 지금보다 훨씬 기름진 땅, 곡식과 포도주와 빵과 포도원과 올리브 과수원과 꿀의 땅으로 데려다 주겠다. 인생은 한 번뿐이다. 그러니 제대로 사는 것처럼 살아 보아라!

32-35 절대 히스기야의 말을 듣지 마라. "**하나님**께서 우리를 구원하실 것입니다" 하는 그의 거짓말에 귀를 기울이지 마라. 앗시리아 왕의 손에서 한 사람이라도 자기 백성을 구해 낸 신이 있었느냐? 하맛과 아르밧의 신들은 어디 있느냐? 스발와임, 헤나, 아와의 신들은 어디 있느냐? 그리고 사마리아, 그들의 신들이 그들을 구원했느냐? 어디서든 나 앗시리아 왕의 손에서 한 사람이라도 구원한 신의 이름을 너희가 댈 수 있느냐? 그런데 어찌하여 너희는 **하나님**이 내 손에서 예루살렘을 구원할 수 있다고 생각하느냐?'"

36 백성은 침묵했다. 왕이 이미 "누구도 말하지 마시오. 한마디도 하지 마시오!" 하고 명령했기 때문에 아무도 입을 열지 않았다.

37 왕궁 관리 힐기야의 아들 엘리아김과 왕의 서기관 셉나와 궁중 사관 아삽의 아들 요아가 히스기야에게 돌아갔다. 그들은 절망하여 옷을 찢었다. 그리고 랍사게의 말을 히스기야에게 보고했다.

19 1-3 이 말을 모두 들은 히스기야도 옷을 찢고 굵은 베옷을 입었다. 그리고 **하나님**의 성전으로 들어갔다. 그는 왕궁을 책임지고 있는 엘리아김과 서기관 셉나와 원로 제사장들을 아모스의 아들 예언자 이사야에게 보냈는데, 그들도 모두 굵은 베옷을 입었다. 그들이 이사야에

게 말했다. "히스기야 왕의 메시지입니다. '오늘은 참담한
날, 비참한 날, 심판의 날입니다!

아이를 낳을 때가 되었으나
출산할 힘이 없습니다.

⁴ **하나님** 당신의 하나님께서 랍사게의 신성모독 발언을 들
으셨을 것입니다. 그의 주인인 앗시리아 왕이 그를 보내어,
살아 계신 하나님을 모욕하게 했습니다. **하나님** 당신의 하
나님께서 그런 말을 한 그를 그냥 두지 않으실 것입니다. 당
신은 남은 이 백성을 위해 기도해 주십시오.'"
⁵ 이것이 히스기야 왕의 신하들이 이사야에게 전한 메시지
였다.
⁶⁻⁷ 이사야가 그들에게 대답했다. "당신들의 주인에게 이렇
게 전하십시오. **하나님**의 말씀입니다. '너는 앗시리아 왕의
아첨쟁이 심부름꾼들에게서 들은 그 무엄한 신성모독 발언
을 조금도 두려워하지 마라. 내가 그의 자신감을 앗아 갈 것이
다. 그는 한 소문을 듣고 겁에 질려서 자기 나라로 돌아갈
것이다. 돌아간 뒤에는 내가 반드시 그를 죽게 할 것이다.'"
⁸⁻¹³ 랍사게가 돌아가서 보니, 앗시리아 왕이 이미 라기스에
서 진을 거두고 가서 립나와 싸우고 있었다. 그때에 산헤립
은 구스 왕 디르하가가 자기와 싸우러 오고 있다는 소식을
들었다. 그래서 그는 유다의 히스기야 왕에게 또 다른 사신

을 보내어 이런 메시지를 전하게 했다. "네가 그토록 소중히
여기는 그 신이 '예루살렘은 절대로 앗시리아 왕에게 무너
지지 않는다'고 말하더라도 속지 마라. 새빨간 거짓말이다.
앗시리아 왕들의 업적은 너도 아는 바다. 여러 나라들이 줄
줄이 짓밟혀 폐허가 되었다. 그런데 어째서 너희만은 예외
일 것이라고 생각하느냐? 내 조상들에게 망하여 폐허가 된
나라들을 잘 살펴보아라. 그들의 신들이 그들에게 조금이라
도 도움이 되었느냐? 고산, 하란, 레셉, 들라살의 에덴 민족
을 보아라. 이미 폐허가 되었다. 하맛 왕, 아르밧 왕, 스발와
임과 헤나와 이와의 왕들에게 무엇이 남았느냐? 오직 **뼈뿐**
이다."

14-15 히스기야가 사신에게서 편지를 받아 읽었다. 그는 **하나
님**의 성전으로 가서 편지를 **하나님** 앞에 펼쳐 놓았다. 그리
고 기도했다. 참으로 간절히 기도했다!

위엄으로 그룹 보좌에 앉으신
하나님 이스라엘의 하나님,
주님은 세상 모든 나라를 다스리시는
한분 하나님이시며
하늘을 지으시고
땅을 지은 분이십니다.
16 **하나님**, 귀를 열어 들으시고
눈을 떠서 보십시오.

살아 계신 하나님을 뻔뻔스레 모욕하는,
산헤립이 보낸 이 편지를 보십시오!
¹⁷ **하나님**, 과연 그의 말대로 앗시리아 왕들은
여러 땅과 나라를 폐허로 만들었습니다.
¹⁸ 그들은 나무와 돌을 가지고 손으로 만든 그곳 신들로
신도 아닌 것들로, 큰 모닥불을 피웠습니다.
¹⁹ 그러나 **하나님** 우리 하나님, 이제
건방진 앗시리아의 무력에서 우리를 구원해 주십시오.
주님만이 **하나님** 오직 한분 하나님이심을
세상 모든 나라로 알게 하십시오.

²⁰⁻²¹ 얼마 후에 아모스의 아들 이사야가 히스기야에게 말을
전했다.

하나님의 말씀입니다. "네가 앗시리아 왕 산헤립의 일로
내게 기도했다. 내가 네 기도를 들었다. 산헤립에 대한 나
의 응답은 이러하다.

처녀 딸 시온이
너를 잔뜩 멸시한다.
딸 예루살렘이 보기에
너는 찌끼에 지나지 않는다.
²² 네가 누구를 모욕했느냐?

네가 누구를 욕했느냐?
네가 누구 앞에서 으스댔느냐?
바로, 이스라엘의 거룩한 이다!
²³ 너는 네 심부름꾼들을 보내어
주를 모욕했다.
너는 자랑했다. '나는 전차부대로
가장 높은 산들,
눈 덮인 레바논 고산들에 올랐다!
그곳의 거대한 백향목들을 베고
수려한 소나무들을 베어 넘어뜨렸다.
온 세상을 돌아다니며
절경의 깊은 숲에 가 보았다.
²⁴ 나는 먼 곳에 우물을 파서
다른 나라의 물을 마셨다.
이집트의 강들을
맨발로 첨벙첨벙 걸었다.'

²⁵ 이 모든 일 뒤에 내가 있다는 생각을
너는 한 번도 해본 적이 없느냐?
아주 먼 옛날 내가 계획을 세웠고
이제 그것을 실행에 옮겼다.
내가 너를 심판 날의 무기로 사용하여
교만한 성읍들을 잔해 더미로 만들었고,

²⁶ 그곳 백성을 낙담하게 하고
절망하게 하고, 무기력하게 만들었다.
그들은 잡초처럼 쓸모없고 풀처럼 약하며
바람에 날리는 겨처럼 힘을 잃었다.
²⁷ 나는 네가 언제 앉고, 언제 오며,
언제 가는지를 다 안다.
네가 나에게 화내며 대든 일도
하나하나 유심히 보았다.
²⁸ 너의 그 성미 때문에,
신성을 모독한 몹쓸 성미 때문에
이제 내가 네 코에 갈고리를 꿰고
네 입에 재갈을 물려서
네가 왔던 곳으로
되돌려 보낼 것이다.

²⁹ 그리고 히스기야야, 이것은 네게 주는 확실한 표징이다.

올해는 네가 수확하고 남은 것을 먹고, 내년에는
되는 대로 구걸하거나 빌리거나 훔쳐서 먹을 것이다.
그러나 내후년에는 네가 씨를 뿌려 수확할 것이며
포도원을 가꾸어 포도를 먹을 것이다.
³⁰ 유다 가문의 남은 자들이 다시금
뿌리를 내리고 열매를 맺을 것이다.

31 남은 자들이 예루살렘에서,
살아남은 자들이 시온 산에서 올 것이다.
하나님의 열심이
이 일을 이룰 것이다."

32 요컨대, **하나님**께서 앗시리아 왕에 대해 하신 말씀은
이러합니다.

그는 이 성에 들어오지 못하고
이리로 화살 하나도 쏘지 못할 것이다.
방패를 휘두르지 못하고
포위 공격을 시작조차 못할 것이다.
33 그는 자기가 왔던 길, 본국으로 돌아갈 것이다.
이 성에는 들어오지 못한다. **하나님**의 말씀이다!
34 내가 나를 위해, 다윗을 위해
이 성을 보호하고 이 성을 구원할 것이다.

35 그리하여 그날 밤 **하나님**의 천사가 와서 앗시리아 사람
185,000명을 죽였다. 이튿날 아침에 예루살렘 백성이 일어
나 보니, 온 진이 주검 천지였다!
36-37 앗시리아 왕 산헤립은 거기서 재빨리 빠져나와 곧장 본
국의 니느웨로 가서 그곳에 머물렀다. 하루는 그가 자기의
신 니스록의 신전에서 예배하고 있는데, 그의 아들 아드람

멜렉과 사레셀이 그를 죽이고 아라랏 땅으로 도망쳤다. 그의 아들 에살핫돈이 뒤를 이어 왕이 되었다.

20

¹ 얼마 후에 히스기야가 죽을병이 들었다. 아모스의 아들 예언자 이사야가 그에게 문병을 와서 말했다. "일들을 정리하십시오. 왕께서는 곧 돌아가실 것입니다. 살 날이 얼마 남지 않았습니다."

²⁻³ 히스기야가 이사야에게서 고개를 돌려 **하나님**을 향해 기도했다.

> **하나님**, 제가 누구이며 어떻게 살아왔는지 기억해 주십시오!
> 제가 주님 앞에서 정직했고
> 제 마음이 한결같이 진실했습니다.
> 주님을 기쁘게 해드리고, 주님께 인정받는 삶을 살았습니다.

그러고 나서 히스기야의 눈에서 눈물이 흘러내렸다. 그가 슬피 울었다.

⁴⁻⁶ 이사야가 그곳을 떠나서 안뜰을 지나기 전에 **하나님**의

말씀이 그를 잡아 세웠다. "돌아가서 내 백성의 지도자인 히스기야에게 말하여라. '히스기야야, **하나님**의 말씀이다! 네 조상 다윗의 하나님에게서 온 말씀이다. 내가 네 기도를 듣고 네 눈물을 보았다. 내가 너를 낫게 할 것이다. 사흘 후에는 네가 네 발로 걸어 **하나님**의 성전에 들어갈 것이다. 내가 방금 네 수명에 십 년을 더했다. 나를 위해, 내 종 다윗을 위해 내가 너를 앗시리아 왕의 손에서 구원하고, 이 성을 내 방패로 보호할 것이다.'"

7 이사야가 말했다. "무화과 반죽을 가져오십시오."
사람들이 반죽을 준비하여 종기에 바르자, 히스기야는 점차 회복되었다.

8 히스기야가 이사야에게 말했다. "이것이 무화과 반죽 때문이 아니라 **하나님**께서 하신 일이라는 것을 내가 어떻게 알겠습니까? **하나님**께서 나를 낫게 하셔서, 사흘 후에는 내 발로 걸어 **하나님**의 성전에 들어가게 된다는 확실한 표징이 무엇입니까?"

9 이사야가 말했다. "**하나님**께서 그 말씀대로 행하시리라는 표징은 이것입니다. 해시계의 그림자가 십 도 앞으로 가면 좋겠습니까, 십 도 뒤로 가면 좋겠습니까? 선택하십시오."

10 히스기야가 말했다. "해시계의 그림자가 십 도 앞으로 가는 것은 쉬울 테니, 십 도 뒤로 가게 해주십시오."

11 이사야가 **하나님**께 부르짖어 기도하자, 아하스의 해시계 그림자가 십 도 뒤로 물러났다.

¹²⁻¹³ 그 일이 있고 나서 얼마 후에, 왕이 병들었다는 소식을 들은 바빌론 왕 발라단의 아들 므로닥발라단이 쾌유를 비는 편지와 선물을 히스기야에게 보내왔다. 히스기야는 기뻐서 사신들에게 은과 금과 향료와 향기로운 기름과 무기 등 자신의 값진 물건이 보관되어 있는 곳을 직접 안내하며 구경시켜 주었다. 왕궁과 나라 안의 모든 것을 빠짐없이 그들에게 보여주었다.

¹⁴ 그때 예언자 이사야가 나타났다. "이 사람들은 여기서 무엇을 하고 있는 것입니까? 이들이 어디서 왔으며, 무엇 때문에 온 것입니까?"

히스기야가 말했다. "그들은 멀리 바빌론에서 왔습니다."

¹⁵ "이들이 왕궁에서 무엇을 보았습니까?"

"모든 것을 보았습니다." 히스기야가 말했다. "내가 그들에게 보여주지 않은 것이 하나도 없습니다. 왕궁 일주를 시켜 주었습니다."

¹⁶⁻¹⁸ 그러자 이사야가 히스기야에게 말했다. "이 일에 대해 **하나님**께서 하시는 말씀을 들으십시오. '네 모든 소유물과 네 조상들이 네게 물려 준 모든 것이, 받침접시 딸린 마지막 잔 하나까지 이곳에서 몽땅 치워질 날이 올 것이다. 모두 약탈당해 바빌론으로 옮겨질 것이다. 나 **하나님**의 말이다! 그뿐 아니라 네 아들들, 네가 낳은 아들들의 자손이 결국에는 바빌론 왕궁의 내시가 될 것이다.'"

¹⁹ 히스기야가 이사야에게 말했다. "**하나님**께서 그렇게 말씀

하시면, 그것은 분명 지당한 말씀일 것입니다." 그러나 그는 속으로 "내 평생에는 그런 일이 일어나지 않을 테니, 내가 사는 동안에는 평안과 안전을 누릴 것이다" 하고 생각했다.

20-21 히스기야의 나머지 생애와 시대, 그가 벌인 사업, 특히 윗저수지를 공사하여 성 안으로 물을 끌어들인 일은 '유다 왕 연대기'에 기록되어 있다. 히스기야는 죽어서 자기 조상과 함께 묻혔다. 그의 아들 므낫세가 뒤를 이어 왕이 되었다.

유다 왕 므낫세

21

1-6 므낫세는 왕이 되었을 때 열두 살이었다. 그는 예루살렘에서 오십오 년 동안 다스렸다. 그의 어머니는 헵시바다. 하나님 보시기에 그는 나쁜 왕, 악한 왕이었다. 그는 하나님께서 이스라엘 자손을 위해 이방 민족들을 쫓아내시던 때에, 그 땅에서 사라졌던 모든 도덕적 부패와 영적 타락을 다시 들여놓기 시작했다. 아버지 히스기야가 허물어 버린 모든 음란한 종교 산당들을 다시 지었고, 이스라엘 왕 아하스가 했던 것과 같이 음란한 신 바알과 아세라를 위해 제단과 남근 목상을 세웠다. 그는 또 일월성신을 숭배하여 별자리의 지시에 따랐다. 그는 하나님께서 정하신 대로("내가 예루살렘에 내 이름을 두겠다") 오직 하나님의 이름만 예배하도록 드려진 예루살렘 성전 안에까지 이러한 이방 제단들을 세웠다. 그는 일월성신을 위한 산당들을

지어 **하나님**의 성전 양쪽 안뜰에 두었다. 자기 아들을 희생
제물로 불살라 바쳤고, 악한 마술과 점술을 행했다. 그는 지
하의 혼백을 불러내 궁금한 것들을 묻기도 했다. 그에게 악
이 넘쳐났다. **하나님** 보시기에, 악으로 일관된 생애였다. **하
나님**께서 진노하셨다.

7-8 결정적으로 그는 음란한 여신 아세라 목상을 **하나님**의
성전 안에 두었는데, 이것은 **하나님**께서 다윗과 솔로몬에게
주신 다음의 말씀을 명백히, 보란 듯이 범한 일이었다. "내
가 이스라엘 모든 지파 가운데서 택한 이 성전과 이 예루살
렘 성에 내 이름을 영원히 두겠다. 내가 다시는 내 백성 이
스라엘로 하여금 내가 그들의 조상에게 준 이 땅을 떠나서
방황하지 않게 할 것이다. 그러나 조건이 있다. 그들이 내
종 모세가 전해 준 지침에 따라 내가 명령한 모든 것을 지켜
야 한다."

9 그러나 백성은 이 말씀을 따르지 않았다. 므낫세는 그들을
그 길에서 벗어나게 했고, 일찍이 **하나님**께서 멸망시키신 이
방 민족들의 악행을 넘어서는 악한 행위로 그들을 이끌었다.

10-12 **하나님**께서는 더 이상 참을 수 없어 그분의 종 예언자
들을 통해 말씀을 보내셨다. "유다 왕 므낫세가 이런 극악
무도한 죄를 짓고 그 앞에 있던 아모리 사람의 죄를 넘어서
는 더 큰 악을 범하여 유다를 더러운 우상들이 판치는 죄인
의 나라로 전락시켰으니, 이제 나 **하나님**이 너희를 심판하
겠다. 나 이스라엘의 하나님이 예루살렘과 유다에 큰 재앙

을 내릴 것이다. 사람들이 듣고도 믿어지지 않아 고개를 저으며 '도저히 믿지 못하겠다!'고 할 정도로 처참한 재앙이 될 것이다.

13-15 내가 사마리아가 맞은 운명을 예루살렘에도 내릴 것이니, 곧 아합을 향한 심판이 재현될 것이다. 너희가 그릇을 씻고 엎어서 말리듯이, 내가 예루살렘을 깨끗이 씻어 버릴 것이다. 내 유산으로 남은 그들을 없애고, 그 원수들의 손에 떨구어 버릴 것이다. 원수들이 닥치는 대로 그들을 약탈할 것이다. 그들의 조상이 이집트를 떠나던 날부터 지금까지, 그들은 내게 괴로움만 주었다. 그들이 나를 한계까지 몰아붙였으니, 나는 더 이상 그들의 악을 참지 않을 것이다."

16 므낫세에 대한 최종 평가는 그가 무차별적인 살인자라는 것이었다. 그는 백성을 죄로 끌어들였을 뿐 아니라, 무죄한 자들의 피로 예루살렘을 물들였다. **하나님** 보시기에 그는 유다를 죄인의 나라로 만들었다.

17-18 므낫세의 나머지 생애와 시대, 그가 행한 모든 일과 어리석은 죄의 기록이 '유다 왕 연대기'에 남아 있다. 므낫세는 죽어서 자기 조상에게 돌아갔다. 그는 왕궁 동산, 곧 웃사의 동산에 묻혔다. 그의 아들 아몬이 뒤를 이어 왕이 되었다.

유다 왕 아몬

19-22 아몬은 왕이 되었을 때 스물두 살이었다. 그는 예루살

렘에서 이 년 동안 다스렸다. 그의 어머니는 욧바 출신 하루스의 딸 므술레멧이다. **하나님** 보시기에 그는 그의 아버지 므낫세처럼 악하게 살았다. 그는 아버지의 뒤를 따라, 아버지가 섬겼던 더러운 우상들을 섬기고 숭배했다. 그는 조상의 **하나님**을 완전히 버렸고, **하나님**의 방식대로 살지 않았다.

²³⁻²⁴ 결국 아몬의 신하들이 반역하여 왕궁에서 그를 암살했다. 그러나 백성이 아몬 왕에게 반역한 세력을 죽이고 아몬의 아들 요시야를 왕으로 삼았다.

²⁵⁻²⁶ 아몬의 나머지 생애와 시대는 '유다 왕 연대기'에 기록되어 있다. 사람들은 아몬을 웃사의 동산에 있는 그의 묘지에 묻었다. 그의 아들 요시야가 뒤를 이어 왕이 되었다.

유다 왕 요시야

22 ¹⁻² 요시야는 왕이 되었을 때 여덟 살이었다. 그는 예루살렘에서 삼십일 년 동안 다스렸다. 그의 어머니는 보스갓 출신 아다야의 딸 여디다. 그는 **하나님**이 원하시는 모습으로 살았다. 그의 조상 다윗이 밝히 보여준 길을 똑바로 따라갔고, 왼쪽으로나 오른쪽으로나 한 걸음도 벗어나지 않았다.

³⁻⁷ 요시야 왕 십팔년 어느 날에, 왕은 므술람의 손자요 아살리야의 아들인 왕의 서기관 사반을 **하나님**의 성전으로 보내며 지시했다. "대제사장 힐기야에게 가서 백성이 **하나님**의 성전에 가져온 헌금, 곧 성전 문지기들이 백성에게서 거

둔 돈을 계산하게 하시오. 그 돈을 **하나님**의 성전 공사를 관리하는 감독관들에게 넘겨주어, **하나님**의 성전을 보수하는 일꾼들인 모든 목수와 건축자와 석수들에게 지불하게 하시오. 또한 그들에게 성전 보수에 필요한 목재와 석재를 구입할 권한을 주시오. 그들은 모두 정직하니, 그들에게 돈을 줄 때는 영수증을 받지 않아도 될 것이오."

8 대제사장 힐기야가 왕의 서기관 사반에게 소식을 전했다. "내가 방금 **하나님**의 길을 일러 주는 **하나님**의 계시의 책을 발견했습니다. 성전에서 찾았습니다!" 그가 그 책을 사반에게 주자 사반이 받아 읽어 보았다.

9 그리고 나서 사반은 왕에게 돌아와 그동안의 일을 보고했다. "왕의 신하들이 성전을 위해 거둔 돈을 자루에 담아, 성전 일꾼들에게 지불하도록 감독관들에게 주었습니다."

10 왕의 서기관 사반은 또 왕에게 말했다. "제사장 힐기야가 저에게 책을 하나 주었습니다." 사반은 그 책을 왕에게 읽어 주었다.

11-13 왕은 그 책, 곧 **하나님**의 계시에 기록된 내용을 듣고, 크게 놀라며 자기 옷을 찢었다. 왕은 제사장 힐기야와 사반의 아들 아히감, 미가야의 아들 악볼, 서기관 사반, 왕의 개인 보좌관 아사야를 불러 그들 모두에게 명령했다. "가서 나와 이 백성과 온 유다를 위해 **하나님**께 기도하시오! 방금 발견한 이 책에 기록된 내용에 우리가 어떻게 반응해야 하는지 알아보시오! **하나님**의 진노가 우리를 향해 불같이 타오

르고 있는 것이 분명하오. 우리 조상은 이 책에 기록된 말씀에 조금도 순종하지 않았고, 하나님께서 주신 지침을 하나도 따르지 않았소."

14-17 제사장 힐기야와 아히감, 악볼, 사반, 아사야는 곧바로 여예언자 훌다를 찾아갔다. 훌다는 할하스의 손자요 디과의 아들이요 왕궁 예복을 맡은 살룸의 아내로, 예루살렘 둘째 구역에 살고 있었다. 그 다섯 사람이 찾아가 그녀의 의견을 구했다. 훌다는 그들에게 이렇게 답했다. "**하나님** 이스라엘의 하나님의 말씀입니다. '너희를 이곳으로 보낸 사람에게 전하여라. "내가 이곳과 이 백성에게 심판의 재앙을 내릴 것이다. 유다 왕이 읽은 그 책에 기록된 모든 말씀이 그대로 이루어질 것이다. 그들이 나를 버리고 다른 신들을 가까이 했고, 신상을 만들고 팔아 나를 더없이 노하게 했기 때문이다. 내 진노가 이곳을 향해 뜨겁게 타오르고 있으니, 아무도 그 불을 끌 수 없을 것이다."'

18-20 또 유다 왕이 **하나님**의 인도하심을 구했으니 왕께 전하십시오. 왕이 책에서 읽은 내용에 대한 **하나님**의 말씀입니다. '내가 이곳과 이 백성에게 심판의 재앙을 내리겠다고 한 말을 네가 진심으로 받아들이고 겸손하게 회개하며, 크게 놀라 옷을 찢고 내 앞에서 울었으니, 내가 너를 진심으로 대하겠다. **하나님**의 말씀이다. 내가 너를 돌볼 것이다. 너는 평안히 죽어서 묻힐 것이다. 내가 이곳에 내릴 재앙을 너는 보지 못할 것이다.'"

그들이 훌다의 메시지를 가지고 왕에게 돌아갔다.

23 ¹⁻³ 왕은 곧바로 행동에 나서, 유다와 예루살렘의 모든 장로를 소집했다. 그런 다음, 모든 백성—유명인부터 무명인에 이르기까지 모든 제사장과 예언자와 백성—을 거느리고 하나님의 성전으로 나아왔다. 하나님의 성전에서 발견된 언약책에 기록된 내용을 모든 사람 앞에서 큰소리로 낭독했다. 왕은 그의 자리에 서서 그들 모두가 하나님 앞에 엄숙히 맹세하게 했다. 믿음과 순종으로 하나님을 따르고, 무엇을 믿고 행해야 할지 그분이 지시하신 대로 온 마음을 다해 따르며, 그 책에 기록된 모든 언약을 지키게 한 것이다. 백성이 서서 한마음으로 동의했다. 그들은 만장일치로 다짐했다.

⁴⁻⁹ 이어서 왕은 대제사장 힐기야와 부제사장, 성전 문지기들에게 성전을 깨끗이 정화하도록 명령했다. 바알과 아세라와 일월성신을 숭배하기 위해 만든 모든 것을 하나님의 성전에서 없애게 했다. 왕은 그것들을 예루살렘 바깥 기드론 들판에서 불사르고 그 재를 베델에 버리게 했다. 그는 유다 각 성읍과 예루살렘 인근 지역의 음란한 종교 산당들을 감독하도록 유다 왕들이 고용한 이방 제사장들을 내쫓았다. 바알과 해와 달과 별 등 모든 일월성신을 숭배하며 하루 종일 풍기는 더러운 악취를, 그 땅에서 단번에 깨끗이 제거했

다. 그는 **하나님**의 성전에 있던 음란한 아세라 목상을 예루살렘 바깥 기드론 골짜기로 가져다가 불사른 다음, 그 재를 갈아서 묘지에 뿌렸다. 또한 **하나님**의 성전에 있던 신전 남창들의 방을 허물었다. 그곳은 여인들이 아세라를 위해 천을 짜던 공간이기도 했다. 왕은 유다 전역의 성읍에서 이방 제사장들을 모두 쫓아냈고, 나라 이쪽 끝에서 저쪽 끝까지, 곧 게바에서 브엘세바까지 그들이 관리하던 음란한 종교 산당들을 모두 부수었다. 그는 성읍의 지도자 여호수아가 성문 왼쪽에 개인 전용으로 지은 음란한 종교 산당도 부수었다. 이러한 음란한 종교의 제사장들이 성전의 제단을 더럽힌 것은 아니었지만, 타락한 제사장 전체 조직의 일부를 이루고 있었으므로 그들을 내쫓았던 것이다.

10-11 또한 요시야는 도벳, 곧 자녀들을 제물로 불 속에 불살라 바치기 위해 벤힌놈 골짜기에 세운 가마 철판을 부수었다. 더 이상 누구도 아들이나 딸을 몰렉 신에게 불살라 바칠 수 없게 했다. 그는 유다 왕들이 태양신을 기리기 위해 성전 입구에 세워 놓은 말 동상들을 끌어내렸다. 그것들은 관리 나단멜렉의 집무실 옆 안뜰에 있었다. 그는 태양 전차들을 불살라 쓰레기로 만들어 버렸다.

12-15 왕은 모든 제단, 곧 아하스의 산당 옥상에 세운 제단, 유다 왕들이 만든 갖가지 제단, 성전 안뜰에 어지럽게 널린 므낫세의 제단들을 산산이 부숴 조각냈다. 그 모두를 부순 뒤에 파편은 가루로 만들어, 그 재를 기드론 골짜기에 뿌렸

다. 왕은 또 예루살렘 동쪽, 가증한 산 남쪽 비탈에 우후죽
순처럼 생겨난 음란한 종교 산당들을 깨끗이 제거했다. 이
산당들은 이스라엘 왕 솔로몬이 시돈의 음란한 여신 아스다
롯과 모압 사람의 음란한 신 그모스와 암몬 사람의 타락한
신 밀곰을 위해 지은 것들이었다. 요시야 왕은 제단들을 부
수고, 남근 모양의 아세라 목상을 찍어 내고, 그곳에 오래된
뼈들을 뿌렸다. 또한 느밧의 아들 여로보암―이스라엘을
죄악된 삶으로 끌어들인 바로 그 여로보암―이 세웠던 베
델 산당의 제단을 제거했다. 제단을 부수고 산당을 불살라
잿더미로 만든 다음, 아세라 목상을 불태웠다.

16 현장을 둘러보던 요시야 왕이 산허리에 있는 무덤들을 보
았다. 그는 그 무덤들을 파헤쳐 뼈를 꺼낸 다음, 무너진 제
단들 위에서 불태워 그 악한 제단들을 더럽히라고 명령했
다. 이로써 옛날 여로보암이 거룩한 집회로 제단 옆에 섰을
때 거룩한 사람이 전한 **하나님**의 말씀이 이루어졌다.

17 그러고 나서 왕이 물었다. "저 비석은 누구의 것이오?"
성읍 사람들이 말했다. "왕께서 방금 이루신 베델 제단에 대
한 말씀을 전한 거룩한 사람의 무덤입니다."

18 요시야가 말했다. "그의 뼈는 건드리지 마라." 그래서 사
람들은 그의 뼈와 사마리아에서 온 예언자의 뼈는 손대지
않고 그대로 두었다.

19-20 그러나 요시야는 거기서 멈추지 않았다. 그는 이스라엘
왕들이 지어 **하나님**을 그토록 진노케 한 지역의 음란한 종

교 산당들이 있는 사마리아의 모든 성읍을 두루 다녔다. 그는 베델에서 한 것과 똑같이 산당들을 허물어 폐허로 만들었다. 희생 제사를 바치던 모든 제사장들을 죽이고 그들의 제단 위에서 불태워, 그 제단들을 부정하게 만들었다. 그러고 나서 요시야는 예루살렘으로 돌아왔다.

21 왕이 백성에게 명령했다. "이 언약책에 지시된 대로, **하나님** 여러분의 하나님 앞에서 유월절을 경축하십시오."

22-23 유월절을 지키는 일은 명령이었으나, 사사들이 이스라엘을 다스리던 시대 이후로 지켜진 적이 없었다. 이스라엘과 유다의 어떤 왕도 유월절을 지키지 않았다. 요시야 왕 십팔년에 이르러, 비로소 예루살렘에서 **하나님** 앞에서 유월절을 기쁘게 지키게 되었다.

24 요시야는 그 땅을 깨끗이 정리하여 영매와 주술사, 토착 신과 조각상들, 곧 유다와 예루살렘 어디서나 볼 수 있었던 더럽고 음란한 유물과 엄청난 양의 우상들을 모두 치웠다. 요시야는 제사장 힐기야가 **하나님**의 성전에서 발견한 책에 기록된 **하나님**의 계시의 말씀에 순종하여 그렇게 행한 것이다.

25 요시야에 견줄 왕은 없었다. 그는 회개하고 온전히 **하나님**께 순종했다. 그처럼 마음과 뜻과 힘을 다해 하나님을 사랑하고, 모세가 계시를 받아 기록한 지침들을 그대로 따른 왕은 그 전에도 없었고 그 후에도 없었다. 요시야 같은 왕은 세상에 다시 없었다.

26-27 요시야가 그렇게 행했음에도 불구하고, **하나님**의 불타는 진노는 식지 않았다. 므낫세로 인해 불붙은 격한 진노가 걷잡을 수 없이 타올랐다. **하나님**께서는 변함없이 심판을 선고하셨다. "내가 이스라엘을 없애 버린 것과 똑같이 내 앞에서 유다를 없애 버릴 것이다. 내가 택한 이 성 예루살렘과, 내가 '내 이름이 여기 있다'고 말한 이 성전에서까지 등을 돌릴 것이다."

28-30 요시야의 나머지 생애와 시대는 '유다 왕 연대기'에 기록되어 있다. 요시야는 이집트 왕 바로 느고가 앗시리아 왕과 손을 잡으려고 유프라테스 강으로 진군해 나오던 때에 죽었다. 요시야 왕이 므깃도 평원에서 느고를 가로막자, 느고가 그를 죽였다. 요시야의 신하들이 그의 시신을 전차에 싣고 예루살렘으로 옮겨 와서, 그의 무덤에 묻었다. 백성의 지지를 받은 요시야의 아들 여호아하스가 기름부음을 받고 아버지의 뒤를 이어 왕이 되었다.

유다 왕 여호아하스

31 여호아하스는 왕이 되었을 때 스물세 살이었다. 그는 예루살렘에서 석 달 동안 다스렸다. 그의 어머니는 립나 출신 예레미야의 딸 하무달이다.

32 **하나님** 보시기에 그는 조상의 악한 행실로 되돌아간 악한 왕이었다.

33-34 바로 느고가 하맛 땅 리블라에서 여호아하스를 사로잡

고 감금하여 예루살렘에서 다스리지 못하게 했다. 그는 유다에게 은 4톤가량과 금 34킬로그램을 조공으로 바칠 것을 요구했다. 그러고 나서 바로 느고는 요시야의 아들 엘리아김을 요시야의 후계자로 삼고 그 이름을 여호야김으로 고쳤다. 여호아하스는 이집트로 끌려가 그곳에서 죽었다.

³⁵ 한편 여호야김은 말 잘 듣는 꼭두각시가 되어 바로가 요구한 은과 금을 충실히 바쳤다. 그는 백성을 착취하고 모두에게 세금을 부과해서 돈을 모았다.

유다 왕 여호야김

³⁶⁻³⁷ 여호야김은 왕이 되었을 때 스물다섯 살이었다. 그는 예루살렘에서 십일 년 동안 다스렸다. 그의 어머니는 루마 출신 브다야의 딸 스비다다. 하나님 보시기에 그는 조상의 악한 행실을 이어받은 악한 왕이었다.

24

¹ 여호야김이 다스릴 때에 바빌론 왕 느부갓네살이 그 땅을 침략해 왔다. 여호야김은 그의 꼭두각시 노릇을 하다가, 더는 참을 수 없어 삼 년 만에 반기를 들었다.

²⁻⁴ 하나님께서는 바빌론, 아람, 모압, 암몬의 기습부대를 연이어 그에게 보내셨다. 그분의 전략은 유다를 멸망시키는 것이었다. 하나님께서는 일찍부터 그분의 종들 곧 예언자들

의 설교를 통해 이 일을 말씀하셨고, 마침내 그 일을 행하셨다. 이것은 결코 우연이 아니라 **하나님**의 심판이었다. 므낫세—예루살렘 거리마다 피해자들의 무고한 피가 넘쳐나게 한 살인자 므낫세 왕—의 극악무도한 죄 때문에 그분은 유다에게 등을 돌리셨다. **하나님**께서는 그러한 범죄를 간과할 수 없으셨다.

5-6 여호야김의 나머지 생애와 시대는 '유다 왕 연대기'에 기록되어 있다. 여호야김은 죽어서 자기 조상과 함께 묻혔다. 그의 아들 여호야긴이 뒤를 이어 왕이 되었다.

7 이제 이집트의 위협은 끝나서, 더는 이집트 왕이 유다를 침략해 오지 않았다. 이즈음에 바빌론 왕이 이집트 시내와 유프라테스 강 사이의 모든 땅, 전에 이집트 왕이 다스리던 땅을 점령했기 때문이다.

유다 왕 여호야긴

8-9 여호야긴은 왕이 되었을 때 열여덟 살이었다. 예루살렘에서 그의 통치는 석 달밖에 가지 못했다. 그의 어머니는 예루살렘 출신 엘나단의 딸 느후스다다. **하나님** 보시기에 그는 자기 아버지와 조금도 다를 바 없는 악한 왕이었다.

10-12 그때에 바빌론 왕 느부갓네살의 지휘관들이 예루살렘을 공격하여 성을 포위했다. 지휘관들이 성을 포위하고 있는 동안, 바빌론 왕 느부갓네살이 직접 성을 찾아왔다. 그러

자 유다의 여호야긴 왕은 그의 어머니와 지휘관과 보좌관과 정부 지도자들과 함께 항복했다.

¹²⁻¹⁴ 느부갓네살 재위 팔년에, 여호야긴은 바빌론 왕에게 포로로 잡혔다. 느부갓네살은 하나님의 성전과 왕궁의 보물 보관소들을 비우고, 이스라엘 왕 솔로몬이 하나님의 성전을 위해 만들었던 모든 금 기구들을 약탈했다. 이것은 전혀 놀랄 일이 아니었다. 하나님께서 이미 그렇게 될 것을 말씀하셨기 때문이다. 그런 다음 느부갓네살은 예루살렘의 모든 사람, 곧 지도자와 군인, 장인과 기술자를 강제 이주시켰다. 그는 그들을 포로로 끌고 갔는데, 그 수가 만 명에 달했다! 그가 남겨 둔 이들은 가난한 사람들뿐이었다.

¹⁵⁻¹⁶ 느부갓네살은 여호야긴을 포로로 사로잡아 바빌론으로 끌고 갔다. 왕의 어머니와 그의 아내들, 고관들, 사회 지도자들, 그 밖에 주요 인물들도 모두 그와 함께 끌고 갔다. 군인 칠천 명에 장인과 기술자의 수가 천 명 정도 되었다.

¹⁷ 그 후 바빌론 왕은 여호야긴의 삼촌 맛다니야를 꼭두각시 왕으로 세우고, 그 이름을 시드기야로 고쳤다.

유다 왕 시드기야

¹⁸ 시드기야는 왕이 되었을 때 스물한 살이었다. 그는 예루살렘에서 십일 년 동안 다스렸다. 그의 어머니는 립나 출신 예레미야의 딸 하무달이다.

¹⁹ 하나님 보시기에 시드기야 역시 악한 왕, 여호야김을 그

대로 베껴 놓은 자에 지나지 않았다.

²⁰ 예루살렘과 유다가 맞게 된 이 모든 파멸의 근원에는 **하나님**의 진노가 있었다. **하나님**께서는 심판의 행위로 그들에게 등을 돌리셨다. 그 후에 시드기야가 바빌론 왕에게 반역했다.

25

¹⁻⁷ 반역은 시드기야 구년 열째 달에 시작되었다. 느부갓네살은 곧바로 모든 군대를 이끌고 예루살렘으로 향했다. 그는 진을 치고 성 둘레에 토성을 쌓아 성을 봉쇄했다. 성은 열아홉 달 동안 (시드기야 십일년까지) 포위되어 있었다. 시드기야 십일년 넷째 달, 곧 그달 구일에는 기근이 너무 심하여 빵 부스러기 하나 남지 않았다. 그러다가 돌파구가 열렸다. 밤중에 야음을 틈타 모든 군대가 성벽 통로(왕의 동산 위쪽에 있는 두 성벽 사이의 문)로 도망친 것이다. 그들은 성을 에워싸고 있던 바빌론 군사들의 전선을 몰래 뚫고 나가 아라바 골짜기 길을 지나 요단 강으로 향했다. 그러나 바빌론 군사들이 곧 왕을 추격하여 여리고 평원에서 그를 따라잡았다. 시드기야의 군대는 이미 흩어져 도망친 뒤였다. 바빌론 군사들이 시드기야를 사로잡아 리블라에 있는 바빌론 왕에게 끌고 가자, 왕은 그 자리에서 그를 재판하고 선고를 내렸다. 시드기야의 아들들은 그의 눈앞에서 처형되었다. 아들들의 즉결 처형을 마지막으로, 그는 더

이상 앞을 볼 수 없었다. 바빌론 군사들이 그의 눈을 멀게 했기 때문이다. 그는 사슬에 단단히 묶여 바빌론으로 끌려 갔다.

8-12 바빌론 왕 느부갓네살 십구년 다섯째 달 칠일에, 바빌론 왕의 수석 부관인 느부사라단이 예루살렘에 도착했다. 그는 하나님의 성전과 왕궁과 성까지 모두 불태워 없앴다. 그리고 자기가 데려온 바빌론 군대를 투입하여 성벽을 허물었다. 마지막으로, 전에 바빌론 왕에게 투항했던 사람들을 포함해서 예루살렘 성에 남아 있던 사람들을 모두 포로로 잡아갔다. 그는 가난한 농부 일부를 남겨서 포도원과 밭을 관리하게 했다.

13-15 바빌론 사람들은 하나님의 성전 안에 있는 청동기둥과 청동세면대와 커다란 청동대야(바다)를 깨뜨려 바빌론으로 가져갔다. 또 성전 예배에 쓰이는 예배용 청동기구들과 금과 은으로 만든 향로와 뿌리는 대접들도 가져갔다. 왕의 부관은 귀금속 조각이라면 하나도 빠뜨리지 않고 눈에 띄는 대로 다 가져갔다.

16-17 솔로몬이 하나님의 성전을 위해 만든 두 기둥과 바다와 모든 세면대에서 뜯은 청동의 양은 어마어마해서 무게를 달 수조차 없었다! 각 기둥의 높이가 8.1미터인데다, 청동세공물과 장식용 과일로 꾸민 기둥머리만도 1.35미터였다.

18-21 왕의 부관은 특별한 포로들을 많이 데려갔다. 대제사장 스라야, 부제사장 스바냐, 성전 관리 세 명, 남아 있던 군 최

고지휘관, 왕의 고문 다섯 명, 회계, 군 최고 모병지휘관, 백성 가운데서 지위가 높은 사람 예순 명이었다. 왕의 부관 느부사라단은 그들을 모두 리블라에 있는 바빌론 왕에게 끌고 갔다. 바빌론 왕은 그곳 하맛 땅 리블라에서 그들 무리를 처참하게 죽였다.

유다는 자기 땅을 잃고 포로로 끌려갔다.

22-23 남겨진 백성에 관해서는 이러하다. 바빌론 왕 느부갓네살은 사반의 손자요 아히감의 아들인 그달리야를 그들의 총독으로 임명했다. 백성 가운데 퇴역한 군지휘관들은 바빌론 왕이 그달리야를 총독으로 임명했다는 말을 듣고 미스바에 있는 그를 찾아갔다. 그들 가운데는 느다니야의 아들 이스마엘, 가레아의 아들 요하난, 느도바 부족 단후멧의 아들 스라야, 마아가 사람의 아들 야아사니야, 그리고 그들을 좇는 무리도 있었다.

24 그달리야는 지휘관과 부하들을 안심시키며 이렇게 약속했다. "바빌론 관리들을 두려워하지 마시오. 여러분의 농지와 가정으로 돌아가 살면서 바빌론 왕을 섬기시오. 그러면 모든 일이 다 잘될 것이오."

25 얼마 후에—일곱째 달이었다—엘리사마의 손자요 느다니야의 아들인 이스마엘이(그는 왕족이었다) 부하 열 명을 데리고 가서 그달리야와 유대인 반역자들과 미스바에 와 있던 바빌론 관리들을 죽였다. 피의 살육이었다.

²⁶ 그러나 그 후에, 바빌론 사람들에게 당할 일이 두려워, 높은 사람 낮은 사람 할 것 없이 지도자와 백성이 모두 이집트로 피신했다.

²⁷⁻³⁰ 유다의 여호야긴 왕이 포로로 있은 지 삼십칠 년째 되던 해에, 에윌므로닥이 바빌론 왕이 되어 여호야긴을 감옥에서 풀어 주었다. 석방은 열두째 달 이십칠일에 있었다. 왕은 그에게 극진한 호의를 베풀어, 바빌론에 억류되었던 다른 어떤 포로들보다 그를 높이 대우했다. 여호야긴은 죄수복을 벗었고 남은 여생 동안 왕과 함께 식사를 했다. 왕은 그가 편히 살도록 필요한 것들을 모두 마련해 주었다.